RAFAEL BRITO

O mistério do Anjo da Guarda

Um companheiro para toda a vida

```
Dados Internacionais de Catalogação na Publicação (CIP)
       (Câmara Brasileira do Livro, SP, Brasil)

   Brito, Rafael
      O mistério do Anjo da Guarda : um companheiro
   para toda a vida / Rafael Brito. -- São Paulo :
   Angelus Editora, 2022.

      ISBN 978-65-89083-20-7

      1. Anjos 2. Anjos - Cristianismo 3. Anjos da
   guarda 4. Companheirismo I. Título.

22-101803                                    CDD-202.15
```

Índices para catálogo sistemático:

1. Anjos : Cristianismo   202.15

Maria Alice Ferreira - Bibliotecária - CRB-8/7964

9ª EDIÇÃO

O Mistério do Anjo da Guarda
Copyright 2022 © Angelus Editora

Direção Editorial:
Maristela Ciarrocchi

Revisão:
Tatiana Rosa Nogueira Dias

Capa e Diagramação:
Raquel Lopes e Maitê Ferreira

Fotos:
Adobe Stock, Google Imagens

ISBN: 978-65-89083-20-7

Aos nossos Anjos da Guarda, por terem aceitado a missão de nos proteger e conduzir durante toda nossa vida!

Sumário

PREFÁCIO 9
PRÓLOGO 13
INTRODUÇÃO 15

CAPÍTULO 1 18
O INÍCIO DE TUDO 18
    Os anjos existem 23
    Os anjos te amam 26
    Homens e Anjos unidos 31
    Oração 40

CAPÍTULO 2 44
TEU ANJO DA GUARDA TAMBÉM PASSOU POR TRIBULAÇÕES 44
    A Prova dos anjos 47
    O teu Anjo da Guarda escolheu Deus e você! 52
    Oração 63

CAPÍTULO 3 66
DESDE O VENTRE MATERNO 66
    Teu anjo disse sim a tua vida 69
    Quando o teu anjo desceu do Céu 72
    Oração 78

CAPÍTULO 4 80
UM COMPANHEIRO PARA TODA A VIDA 80
  Santo Anjo do Senhor 87
  Zeloso Guardião 93
  Cheio de Poder e Autoridade 103
  Oração 110

CAPÍTULO 5 114
SÃO RAFAEL ARCANJO E OS ANJOS DA GUARDA 114
  Oração 121

CAPÍTULO 6 124
OS ANJOS DA GUARDA INTERCEDERAM POR ELES 124
  Testemunhos 125
  Um Anjo apareceu e os livrou de um acidente mortal 125
  Seu Anjo da Guarda a livrou de um estuprador 130
  Um Milagre na Fábrica 134

CAPÍTULO 7 138
RESPONDENDO ALGUMAS PERGUNTAS 138
  1. Como ter intimidade com meu Anjo da Guarda? 139
  2. Posso dar nome ao meu anjo? 140
  3. Quem não é batizado possui um anjo também? 142
  4. O anjo nunca nos abandona? 143
  5. Como o Anjo da Guarda intercede por nós junto a Deus? 146

6. Posso rezar ao Anjo da Guarda de alguém? 148
7. Posso mandar meu anjo à missa em meu lugar? 149

CONCLUSÃO **152**
Meu Velho Amigo 154

APÊNDICE **158**
ORAÇÕES AO ANJO DA GUARDA **158**
Terço ao Anjo da Guarda 159
Meu Bom Anjo da Guarda 162
Oração de S. Anselmo de Cantuária 164
Oração de S. Luíz Gonzaga 165
Orações de S. Afonso Maria de Ligório 166
Oração de S. Pedro Canísio 167
Oração de S. João Berchmans 168
Novena ao Anjo da Guarda 169
Consagração ao Anjo da Guarda 178
Ladainha ao Anjo da Guarda 179
Oração de proteção ao Anjo da Guarda 182

BIBLIOGRAFIA **185**

PREFÁCIO

A onda de misticismo que atravessa o mundo faz com que as pessoas busquem também nos anjos o socorro para os seus males. Mas, ao lado do que há de bom nisto, há também uma mistura de crenças que não estão de acordo com o que ensina a Igreja Católica.

A Igreja ensina que "a existência dos seres espirituais, não-corporais, que a Sagrada Escritura chama habitualmente de anjos, é uma verdade de fé. O testemunho da Escritura a respeito é tão claro quanto a unanimidade da Tradição" (Catecismo n. 329).

Atenágoras, chamado de "o filósofo cristão de Atenas", para provar que os cristãos não eram ateus, dizia, na Súplica pelos Cristãos:

> *"Não somos ateus; cremos em Deus Pai, Filho e Espírito Santo, mas ensinamos também que existe uma multidão de Anjos servidores, ministros de Deus criador e ordenador do mundo nas coisas que aí se encontram e na sua ordem."*

São Gregório, o Taumaturgo (213-270), discípulo de Orígenes, que foi Bispo de Neocesareia, no Ponto, fala com grande amor dos *"Santos Anjos de Deus, que desde minha juventude me tem protegido"* (Oratio a Originem IV).

São Basílio Magno (330-369), doutor da Igreja, monge e bispo de Cesareia; refere-se aos Anjos da guarda no tratado "De Spiritu Sancto", XIII 29, que dedicou a Anfilóquio, Bispo de Icônio.

Santo Ambrósio (340-395), doutor da Igreja, que batizou Santo Agostinho em Milão, fala muitas vezes do Anjo da Guarda (Expos. Ps. 38, 32)

Portanto, é importante conhecermos com profundidade a natureza e a missão dos Anjos da Guarda; a sua existência manifesta o amor de Deus para cada ser humano.

Com satisfação, recomendo este livro sobre os Anjos da Guarda, escrito pelo Rafael F. de Brito, que já havia publicado anteriormente o livro "O Segredo dos Anjos". Neste segundo livro, Rafael analisa o ministério do Anjo da Guarda em nossas vidas, de acordo com as Sagradas Escrituras, a Tradição e o Magistério da Igreja. Isto confere ao livro uma segurança doutrinária fundamental.

Entre outros pontos importantes, Rafael analisa a necessidade de termos um Anjo da Guarda, o seu ministério, como nos defende e protege do mal. E, responde perguntas sobre eles.

Todo o estudo e a pesquisa do autor foram feitos em cima de uma sólida documentação: os Padres da Igreja do Oriente e do Ocidente, Santos doutores, bons teólogos da era moderna e contemporânea, e muitos documentos do Magistério da Igreja.

Destaco que o Rafael de Brito tem uma vasta formação filosófica e teológica; é um leigo casado, membro há mais de 20 anos do movimento Aliança de Misericórdia, doutorando em Teologia Dogmática, junto a Pontificia Università Gregoriana (2019); Mestre em Filosofia pela Pontificia Università Gregoriana (2019), Mestre em Teologia Dogmática e Fundamental, pela Pontificia Facoltà Teologica della Sardegna (2017), membro da Oxford Philosofical Society, Bacharel em Teologia pela Pontificia Facoltà Teologica della Sardegna (2015).

É muito bom ver um leigo com profundo conhecimento das coisas de nossa fé, trazendo ao público cristão um conteúdo tão valioso, um tesouro da Igreja tantas vezes escondido.

Parabenizo o Rafael por este belo trabalho, fruto de sua excelente formação católica. Estou certo de que este livro dará aos seus leitores um conhecimento profundo sobre o Anjo da Guarda, aumentando neles a devoção a seu anjo, algo tão recomendado por tantos santos como, por exemplo, Santo Padre Pio.

Peço a Deus que este livro possa edificar os fiéis que o lerem, e que Deus os abençoe.

Prof. Felipe Aquino

PRÓLOGO

Desde a tenra idade, ao ouvir minha avó me dizer que por onde andasse, jamais estaria só, porque ao meu lado estaria um anjo para me guardar e me conduzir ao longo do caminho da vida, sempre me interessei em conhecer, estudar e saber quem era e como eu poderia ser seu amigo.

Os anos passaram, a pureza de criança ficou para trás e por algum tempo me esqueci do meu amigo e irmão do Céu.

Mas, mesmo não o tendo invocado naquele tempo, nem mesmo buscado a amizade com ele, meu Anjo da Guarda, nunca me deixou. Intercedeu por minha conversão. Conduziu-me até Jesus, e entre as composições de seus cantos e louvores a Deus encontrava-se o meu nome.

No Céu, todos já sabiam, que aquele ser de luz e glória, era o guardião da minha alma.

Ao abrir este livro, encontrarás o maravilhoso mistério da intercessão dos anjos por tua vida. Descobrirás à luz da teologia e dos ensinamentos de mais de 2000 anos de cristianismo, que tens o Céu ao teu lado e que é um vencedor de batalhas e guerreiro de Deus, permanece contigo desde o início da tua vida. Prepare o teu coração. Conhecerás um irmão vindo do Céu para lhe guardar e proteger.

INTRODUÇÃO

Ao continuar a nossa trilogia sobre os anjos, desejei por meio desta obra lhe apresentar o mistério dos Anjos da Guarda. Se no primeiro livro: "O Segredo dos Anjos", aprendemos sobre como os anjos se movem e vivem no Céu, na presença do Senhor, neste segundo, descobriremos como os mesmos convivem com os homens.

Os anjos são seres espirituais, pessoais e reais. Foram criados por Deus antes da fundação do mundo e unidos a Ele O adoram e O louvam eternamente. Dentre esses, ainda quando a graça os atraia e os iluminava para a verdade, um terço caíram e tornaram-se inimigos de Deus e nossos.

Com o projeto em suas mentes malignas de destruir a obra da criação, vieram até o Paraíso, onde se encontravam os nossos primeiros pais, a saber Adão e Eva. Ao ser o artífice do pecado, Satanás e seus anjos enveredaram-se em uma guerra contra os descendentes da Virgem.

Mesmo quando nossos primeiros pais voltaram suas costas para o seu Criador, Esse não os deixou de assistí-los com sua providência e cuidado. Fez com que anjos Seus protegessem e guardassem cada ser humano que seria concebido nos seio de suas mães.

Um anjo desceu dos Céus a mando da Santíssima Trindade, para que te guarde em todos os teus caminhos.

No decorrer deste livro, iremos aprender à luz da doutrina da Igreja, da sacra teologia e do magistério, a respeito desses seres espirituais poderosos e magníficos, que foram constituídos por Deus em Jesus Cristo por intermédio do Espírito Santo como nossos companheiros e amigos durante toda a nossa vida. Aprenderemos sobre quem são. Qual sua missão junto aos homens e como podemos nos relacionar com eles. Responderemos a perguntas corriqueiras a esse respeito. Buscaremos entender, estudar, experienciar e descobrir quem são e como podemos crescer em amizade e relacionamento com eles.

Anjos e homens criados pelo mesmo Deus. Possuindo a mesma causa e início de suas existências, foram sonhados, desde a eternidade, no seio da Trindade Santa a conviverem e fazer do Céu uma única família ao redor do cordeiro[1].

Esteja atento a estas páginas. Seu modo de se relacionar com teu Anjo da Guarda mudará completamente.

---

1 Cfr. TOMÁS DE AQUINO. *Super Evangelium S. Matthaei*, 18, 10, Marietti, Roma, 1951, p. 1504.

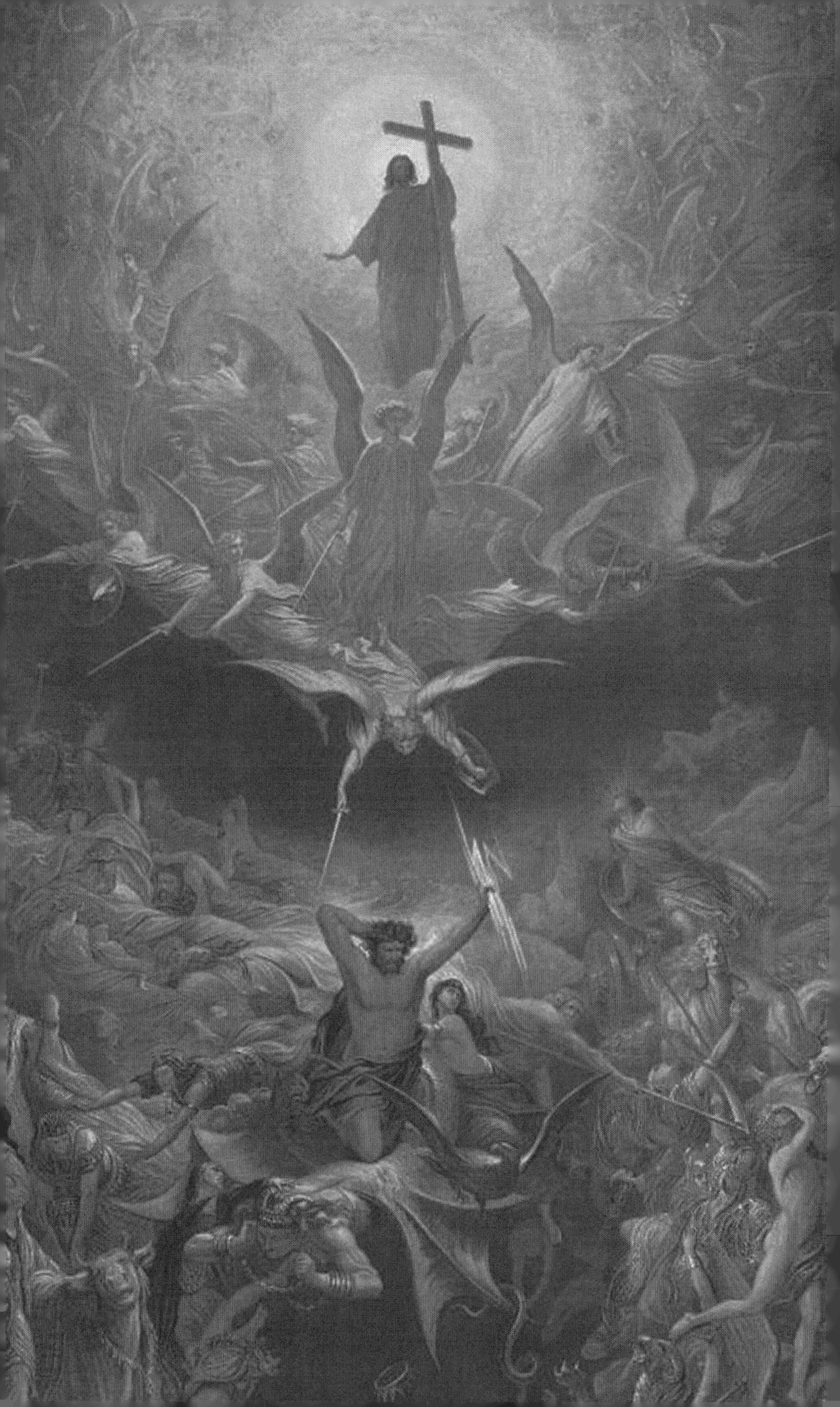

CAPÍTULO 1

O INÍCIO DE TUDO

Há muitos e muitos anos, quando o tempo ainda não existia e nem mesmo as estrelas tinham sido fixadas no céu, uma luz brilhou nas trevas e uma voz mais forte que muitos trovões ecoou no deserto do nada.

Não era o som do acaso nem mesmo o barulho do *Big Bang*, que expandiu o universo conhecido. A voz, que chama a existência todas as coisas, foi pronunciada por Aquele que tudo sustenta com Sua palavra. Deus, em sua infinita misericórdia e transcendência, chamou a existência o mundo invisível e aquele visível. Querendo Ele comunicar Seu amor, Deus que é o próprio Autor da vida criou, amou, entregou-se e fez-se conhecido...

E Ele Bradou: *Haja Luz!* (Gn 1, 3).

De fato, desde os tempos remotos, o ser humano busca respostas para o seu existir. Ele, ao contemplar a natureza e todas as coisas existentes, faz a seguinte pergunta em seu coração: "Quem é o Homem?" (Sl 8, 3-6).

É a partir desta indagação que toda a história da religião começa a ser desenhada. Desde as pinturas rupestres no fundo das cavernas, até os grandes monumentos e divindades do mundo antigo, perpassando pelos escritos das Sagradas Escrituras, e sendo afirmada pela profissão de fé da Igreja, o homem nunca deixou de buscar o encontro com o seu Criador.

Existe uma saudade no íntimo da alma de cada um de nós. Caminhando e peregrinando neste mundo com alegria e tribulações, nosso ser anseia, a cada minuto, voltar para Aquele que está assentado no trono e que possui um olhar de amor que transpassa nosso íntimo.

Ao encontrá-lo, ao descobri-lo dentro de nós e ao reconhecê-lo em nossa vida e no cotidiano do tempo, o coração bate mais forte, a respiração acelera, e as células do nosso corpo louvam e adoram o Criador.

Será que diante de toda a criação, somente nós seres humanos sentimos isso? No mundo invisível, porém, real, existe alguém ou seres que também anseiam por Deus? E que são como a corsa que suspira pelas águas correntes, não cessam de chamar e clamar por Sua presença?

No início de tudo, não tinha nada a não ser Aquele que não possui princípio e fim. Deus é subsistente em si mesmo, é autossuficiente e consubstancial em si. Ele não depende de nada e de ninguém para ser o que é, porque se Ele fosse dependente de algo ou alguém fora de si para ser, então não seria Deus[2].

Podemos, em poucas palavras, dizer que o Criador em si mesmo se basta. Ele é o Ágape por excelência e plenitude. Mas o que sempre chamou a atenção na reflexão teológica e espiritual de todas

---

2 Cfr. BULGAKOV, S. *La Sposa Dell´Agnello*, p. 70.

as religiões é: por que O ser imutável nos chamou a existência? Se Ele se basta, por que quis alguém diferente Dele para se relacionar?

Quando nos deparamos com tais indagações, entramos no mistério da onipotência de Deus, que não se resume simplesmente ao seu poder infinito de realizar o que quer. Mas, a causa do existir tem um princípio que precede o próprio início da criação. Esse princípio se chama: Amor[3].

Quem ama deseja se comunicar. Por isso, ao falar sobre criação, não podemos desassociar essa realidade do amor de Deus. De fato, a criação é a autorrevelação de Deus ao mundo, seja aquele invisível e visível. Portanto, ao falarmos do Altíssimo, estamos afirmando que somos criados por amor e para amar.

A competência e a faculdade de criar são exclusivas de Deus. Ele é a causa e princípio de tudo o que existe[4]. Mas a diferença dos deuses gregos que criavam por um capricho meramente narcisista, o Deus Cristão criou os anjos e os homens para a Sua glória. Essa glória não deve ser interpretada como uma necessidade de Deus de ser louvado ou adorado. Mas ele quis sim, relacionar-se e se fazer presente na vida de suas criaturas racionais, fazendo delas a Sua morada.

---

3 Cfr. CIC, 295.
4 Cfr. Tomás de Aquino. *Summa Theologica*, Q 45, a.5.

A criação deve ser entendida em duas dimensões: a invisível e a visível. Os anjos pertencem à realidade que nossos olhos não veem. Eles não possuem matéria como nós, mas são espíritos perfeitos e puros, criados à imagem de Deus e para Sua glória. O homem, por sua vez, é criado no mundo visível, mas feito de duas dimensões que é a material e a espiritual.

Nesse sentido, o Concílio de Latrão IV de 1215 sintetizou a doutrina sobre a natureza e criação dos anjos ao afirmar algo poderoso:

> *Cremos firmemente e confessamos sinceramente que um só é o verdadeiro Deus [...] único princípio do universo, criador de todas as coisas visíveis e as invisíveis, espirituais e materiais, que com sua força onipotente desde o princípio do tempo criou do nada uma e outra criação: a espiritual e a material, isto é, a angelical e a mundana; e, depois, a humana, de algum modo comum, constituída de alma e de corpo [...]*[5].

Os padres, reunidos em Latrão, reafirmam a natureza e a realidade angélica. Os anjos são seres imateriais, espíritos puros, mas que são criaturas como nós e que se movem em uma única direção, que é aquela de viver para Deus e Nele se moverem.

Portanto, por mais que sejas frágil e pequeno diante de um anjo de Deus, possuis a fagulha e centelha divina dentro da tua alma e isso te faz se relacionar com os anjos e com o Céu. Por isso, podemos sim entrar em relação com os nossos irmãos celestes sim-

---
5 Concílio de Latrão V, I, 1215.

plesmente porque existe em nossa essência o chamado a nos relacionar com o Senhor Criador de tudo.

Assim sendo, a criação não é um acaso pelo qual Deus realizou. Ao contrário, ela possui em si mesma um propósito e desígnio divinos, um sonho de Deus para cada um de nós. E quando digo nós, estou falando de homens e anjos.

Os anjos existem

A existência dos seres espirituais invisíveis a qual nós chamamos de anjos é verdade de fé desde o início do cristianismo. De fato, em nenhum momento, ao longo da sua história, o cristianismo duvidou da existência desses seres.

Criados antes da fundação do mundo, em um momento único e íntimo diante do Deus Uno e Trino, os anjos sempre foram um mistério que chamou a atenção de gerações de homens e mulheres desejosos de se relacionarem com esses seres maravilhosos e poderosos do Céu.

Portanto, saber que os anjos são seres criados por Deus e que O adoram dia e noite diante de seu trono, é algo que aprendemos desde pequeninos.

Mas, como foram criados? Do que são feitos? Qual é o propósito de sua criação e o porquê de nosso coração queimar quando pensamos e recorremos a eles? Os anjos que estão no Céu, podem caminhar conosco que estamos na Terra? E, por fim, por que temos a graça da companhia de um Anjo da Guarda?

Para essas indagações devemos voltar nosso olhar para o início de tudo. O Credo Niceno, afirma em sua fórmula que nós:

> *"Cremos em Deus Pai Todo-Poderoso, Criador do céu de terra, de todas as coisas visíveis e invisíveis."*[6]

Essa verdade de fé de nos revela que o Criador de todas as coisas, não somente é a causa de todas as coisas existirem, mas também o Senhor que em sua divina providência guia e rege ambas as dimensões.

Os espíritos celestes foram criados por primeiro, como que primícias da criação espiritual, enquanto nós somos as primícias da criação do mundo visível. Criados à imagem do Deus invisível, porque esta é a realidade de Deus, quis ele por primeiro chamar a existência seres que a ele se assemelhassem.

É por isso que os santos anjos estão sempre na presença do Senhor, pelo fato desses participarem da realidade que nossos sentidos não conseguem apreender.

Foi de grande debate na Idade Média entre os grandes teólogos, a respeito da natureza dos anjos. Alguns interpretando erroneamente os padres da Igreja, afirmaram que os anjos também eram feitos de matéria.

---

6 Cfr. DENZINGER, 125, 155. Concilio di Nicea I, *símbolo* 325.

No Ocidente, será Tomás de Aquino a fazer a síntese desse ensinamento retomando a doutrina angélica dos padres ao afirmar que os anjos são essências espirituais imateriais, e dotados de vontade e liberdade assim como nós[7].

Preste atenção! O mesmo Deus que plasmou o homem do pó da terra e insuflou nele o seu Espírito da vida, também "plasmou" todos os espíritos celestes com a Sua luz inacessível que ilumina e chama das trevas os seus filhos. Vem-me em mente o que escreveu Inocêncio III a respeito destas duas dimensões da criação:

> *"Pai, Filho e Espírito Santo, Deus... É Aquele que cria, plasma, conduz e guia todas as coisas feitas de matéria e espírito, todas as coisas visíveis e invisíveis."*[8]

Ao escrever essa carta endereçada ao arcebispo de Tarragona, Inocêncio III, tratando de tanto outros assuntos, quis deixar claro que a fonte de vida que sustenta o universo possui sua única origem no Deus Uno e Trino, que quis se autorrevelar por meio de Sua criação. Ao afirmar que anjos e homens possuem o mesmo Criador, Inocêncio está simplesmente sintetizando aquilo que é explícito ao longo de todo Antigo Testamento e Novo Testamento e, por fim, na vida de cada batizado.

---

7 Cfr. Tomás de Aquino. *Summa Theologica* Q 51, Art1.
8 Inocenzo III. *Eius Exemplo,* in: Denzinger, 790, 294, p. 1208.

Assumir que ambos os seres possuem uma única fonte de vida, é admitir e, ao mesmo tempo, professar que o anjo que caminha contigo desde a tua concepção carrega em seu íntimo "as marcas" que nós também carregamos, isto é, a impressão de Deus.

Em uma linguagem poética, eu ousaria dizer: cada anjo que está no Céu, a começar pelos Serafins que queimam na presença de Deus, passando pelos Querubins e Tronos e, por assim, descendo por todos os Coros, podemos dizer que nós e eles carregamos em nossa essência as digitais de Deus dentro de nós!

Os anjos te amam

Cada anjo que está no Céu e que caminha neste mundo conosco, possui em si mesmo a imagem daquilo que Deus é em sua essência, isto é, o amor. Tudo o que os anjos fazem e são, é movido unicamente pelo amor e pelo desejo ardente de adorar ao Senhor.

Sua vida e ação parte deste princípio irrenunciável que os distingue dos anjos caídos que, por livre e espontânea vontade, deixaram-se ser corrompidos pelo pecado da soberba e, portanto, deixaram de amar. A diferença entre um anjo e um demônio é tão abissal, como é o amor em contrapartida ao ódio. Se os anjos estão na presença de Deus, é porque escolheram o bem e, por isso, acolheram em suas essências à vontade e à liberdade plenas que vem somente do Único princípio de vida e que é o Bem Supremo.

Ao contemplarmos o mistério da existência angélica nos deparamos com algo que talvez possa passar despercebido: os anjos são apaixonados por Deus! Ao adorarem a Trindade, é como que em suas essências acendesse uma luz que arde de dentro para fora.

Muitas vezes pensamos que adoração seja simplesmente se prostrar diante de Deus e cantar louvores e declamar músicas lindas em sua presença. Mas, na verdade, o dom de adorar faz parte da essência, seja dos anjos bem como dos homens que, ao serem criados, foram chamados a entrar em comunhão com o Pai das luzes e, portanto, Autor de todo bem.

Vejo necessário salientar tal realidade a respeito das duas criaturas que Deus quis colocar no centro de toda a criação: somos vocacionados, como os anjos, a escolher pelo certo, pelo Bem maior, pelo Amor que é a única razão e sentido do existir. Saber que, por exemplo, teu Anjo da Guarda, em todo o momento, arde de amor por Deus faz-nos entender que, consequentemente, ele também é apaixonado por você.

Podemos dizer, portanto, que existe um fogo, uma luz que habita os anjos e, por isso, eles podem nos iluminar, nos conduzir no caminho, simplesmente pelo fato que esses amam não com palavras e gestos, mas na sua essência mais profunda, fazendo que, em si mesmos, habite o Senhor[9].

---

9 Em meu primeiro livro desta trilogia, constatei algo poderoso a respeito, por exemplo, dos Serafins: "Os *Seraph*, são brasas ardentes de amor. Não queimam por si mesmos, mas são reflexos

Ao falarmos deste amor que move os anjos de Deus, e que os fazem arder e os eleva até o trono divino, algo aqui me deixa extasiado: do mesmo modo que os anjos se elevam para Deus, eles depõem seus olhares em direção a nós que, de alguma forma, estamos aqui em baixo. Seu cantar e adorar ao Criador, suas canções e seus louvores, carregam em suas composições a alegria de saber que, Aquele que está assentado no trono desejou reunir-nos a esse coral.

Esta verdade de fé a encontramos testemunhada nas Sagradas Escrituras, bem como na liturgia da Igreja. O apóstolo João, exilado na ilha de Patmos, e testemunha de todos os horrores da perseguição aos seus irmãos cristãos, desde o Imperador Nero até Domiciano, teve uma visão sobrenatural a respeito das realidades vindouras e últimas. Ele viu uma multidão de anjos que cantavam e louvavam a Deus. Eles cantavam com voz forte e alta, proclamando:

> "Digno és tu de receber o livro e de abrir os sete selos, pois foste imolado e, por teu sangue, resgatastes para Deus, homens de toda tribo, língua, povo e nação. Deles fizestes para nosso Deus, uma realeza de sacerdotes; e eles reinarão sobre a terra." *(Ap 5, 9-10)*

---

do fogo de amor de Deus por cada um de nós. Ao falar sobre os Serafins, outro grande padre da Igreja chamado Isidoro de Sevilha escreveu: *Os Serafins, que significa abrasadores, estão no topo da hierarquia angélica, porque por um especial dom divino, amam a Deus mais do que qualquer criatura racional. A característica deles é de um intenso amor, que os tornam incandescentes. Eles chegam a tal ponto de perfeição que não existe nenhuma criatura mais perfeita que se coloque no meio entre a relação deles com Deus*". Brito, R., *O Segredo dos Anjos*, p. 92.

Note bem: o motivo do louvor dos seres espirituais que cantam ao redor do trono do Cordeiro se baseia no resgate, na salvação realizada pela Segunda Pessoa da Santíssima Trindade que se encarnou, morreu e ressuscitou.

Cristo, ao derramar seu sangue precioso, salvou-nos da morte dando-nos vida eterna pela sua vida oferecida sobre aquela cruz. A alegria dos anjos que cantam está estreitamente vinculada ao plano de salvação realizada em Jesus.

Isso significa que os anjos de Deus, se alegram, rejubilam e fazem festa no Céu por tua vida. Pelo fato do teu existir, mas muito mais ainda por teres acolhido a vida eterna doada por Nosso Senhor naquela Cruz. O amor que os anjos bons que permaneceram fiéis a Deus possuem, está estreitamente ligado ao ensinamento de Jesus a respeito do verdadeiro comprimento da lei, isto é: da relação real e sincera com Deus.

Ora Jesus nos ensinou que a verdadeira adoração passa pela tríplice relação com Deus, com o próximo e conosco. Ao responder à pergunta do fariseu a respeito do verdadeiro cumprimento da lei, Nosso Senhor deixou claro que devemos: "Amar a Deus sobre todas as coisas e ao próximo como 'nós mesmos'".

Isso significa que a verdadeira adoração está em colocar o Senhor sobre todas as coisas. Colocando todas as nossas forças, empenho, pensamentos e sentimentos Nele. Mas, Jesus deixa claro que não basta simplesmente amar a Deus se não amarmos o nosso próximo. Desse modo, deve-se entender que a medida que amamos até mesmo os nossos inimigos, me assemelho a Deus. E o bem que quero para mim e que peço para Deus, devo desejar com a mesma força para o meu próximo.

Ora, por que estou falando isso com você? Porque a verdadeira santidade está em amar[10]. Amar é sinônimo de dar a vida, a luz que fez Nosso Senhor. Este é o maior de todos os louvores e a verdadeira adoração passa por este crivo. Adorar a Deus em um modo intimista e egoisticamente, não é adoração verdadeira, mas idolatria e, portanto, uma profanação do próprio conceito de relação com Deus.

Eu preciso falar isso com você, para que a nossa visão possa mudar a respeito do jeito que às vezes entendemos sobre relacionamento com Deus. Ora, o que o anjo tem a ver com este discurso?

Voltemos ao texto do Apocalipse. Note-se que os anjos estão agradecendo a Deus, cantando alegres, pelo fato que Jesus Cristo foi resgatar com seu sangue os filhos de Adão, e os inseriu de novo no Paraíso perdido, misturando a nossa vida à vida dos nossos irmãos celestiais. Porque o sonho de Deus para o mundo invisível, e aquele visível, é que no fim último de ambas as vidas, seja nossa e a dos anjos, possa ser de

---

10 Cfr. CIC, 1827.

nos encontrar na presença Dele. Uma única família, ao redor do Pai Criador que nos amou antes da fundação do mundo (Ef 1, 4-5).

Os anjos possuem plena consciência disso. Portanto, ao amarem a Deus, eles também se amam e nos amam. Ora, eu tenho uma boa notícia para você: todos os anjos que estão no Céu, amam a Deus sobre todas as coisas e a você como a eles mesmos. É lindo tudo isso não é mesmo?

Sim, falar dos anjos é falar do grande plano de amor de Deus que é o fundamento e propósito do nossos existir.

Homens e Anjos unidos

Existe então uma oração constante, um louvor incansável, uma intercessão incessante por ti. Cada anjo no Céu e, de um modo muito especial, o teu anjo guardião, suspira de amor por Deus, e não se esquece em nenhum momento de você. Fazer parte daquele coral, deve se tornar a nossa meta.

Mas, isso acontecerá somente depois da morte? Claramente que não. A liturgia católica ocidental e oriental, tem como base o louvor e a ação de graças (Eucaristia) ao pai por meio de seu Filho encarnado e redentor dos Homens. O que acontece na celebração eucarística, não é uma representação do que acontece no Céu.

Ao participarmos dos santos mistérios, nós já, nesta vida, adentramos na vida vindoura. Ora, o que quero dizer? Que ao participarmos da vida da Igreja, estamos em comunhão já com a vida daqueles que estão na presença do Cordeiro, ao mesmo tempo que nossas almas se unem aos espíritos celestiais e unimos as nossas vozes a deles. Tuas lágrimas e alegrias. Tuas conquistas e derrotas, tuas lutas e vitórias, se transformam em um único louvor e uma única voz.

Sim, você faz parte da canção e da estrofe cantada no Céu. Um exemplo claro disso, é quando, na oração eucarística da Santa Missa, o sacerdote convida-nos antes da consagração das espécies eucarísticas a louvar, bendizer a Deus Pai por intermédio do seu Filho Jesus Cristo. Ele diz:

> *"É justo e nos faz todos ser mais santos louvar a Vós, ó Pai, no mundo inteiro, de dia e de noite, agradecendo com Cristo, Vosso Filho, Nosso irmão. É Ele o sacerdote verdadeiro que sempre se oferece por nós todos, mandando que se faça a mesma coisa que fez naquela ceia derradeira. Por isso, aqui estamos bem unidos, louvando e agradecendo com alegria, juntando nossa voz à voz dos anjos e à voz dos santos todos, para cantar..."*

O que nos faz ser de fato mais santos? É, a exemplo dos que nos precederam, ter a coragem de, apesar de tudo o que passamos em nossa vida terrena, ousar professar com a vida e com o coração em um louvor que vem de dentro para fora, a fé de que nossas orações e súplicas se unam já nesta vida, aos que estão nos Céus junto com os anjos de Deus.

A dimensão da vida dos anjos está intimamente ligada à nossa vida. Portanto, os milhares e milhões incontáveis de anjos que habitam o Céu, intercedem, e torcem por você! Eles cantam para Deus com suas asas estendidas para o alto como os Querubins sobre a tampa da arca da Aliança, mas seus rostos estão voltados para Deus e para ti.

Que forte isso não é mesmo? Que poderoso, saber que não estamos sozinhos neste mundo. Que somos amados que somos queridos e desejados na eternidade, mesmo ainda peregrinando nesta terra.

Respondendo ao convite do sacerdote para proclamarmos a santidade de Deus, nós, na Terra repetimos o que os anjos cantam no Céu:

> *"Santo, Santo, Santo, é o Senhor Deus do Universo, o céu e terra, proclamam a Vossa Glória, Hosana no alto dos céus, Bendito é Aquele que vem em nome do Senhor, Hosana nas alturas."*[11]

O amor que nos une em Deus, transcende qualquer barreira. Seja aquela geográfica, seja aquela espiritual. Pela graça do batismo, somos introduzidos ao corpo místico de Cristo que nos possibilita estar unidos a todos os santos e anjos que nos precedem na glória. Ter tal consciência de quem somos e do que somos feitos, faz-nos caminhar com esperança no coração, sabendo que nada é perdido quando o amor é grande.

---

11 M˜ıssal Romano, *Oração Eucarística V*.

Ao fim de tudo, o que temos que entender dentro desta reflexão, é que um dia voltaremos para casa do Pai. Esta casa, este princípio, este início de tudo, faz-nos caminhar nesta terra sabendo que, em Jesus Cristo, nada no mundo nos poderá afastar de seu Amor, uma vez que o Paráclito, o Espírito de Vida que anima os anjos e os santos no Céu, habita nossos corações vivendo e movendo-se dentro de cada um de nós.

Existe um porquê dos anjos estarem na presença de Deus e ao mesmo tempo se preocuparem com os homens, e isso iremos aprender ao longo deste livro. Mas posso lhe adiantar algo que já Santo Agostinho afirmava a respeito dessa realidade desejada por Deus que é o propósito de homens e anjos conviverem.

Agostinho, em sua obra a *Cidade de Deus*, afirmou a maravilhosa notícia de que, mesmo em planos diferentes de existência, Deus por seu amor quis que o Paraíso fosse feito de homens e anjos. O doutor da graça assim afirma:

> *"Somos com os anjos uma só cidade de Deus... que de uma parte, que somos nós peregrina, neste mundo e a outra parte que são precisamente os anjos, eles estão prontos a socorrer-nos."*[12]

A consciência da comunhão dos santos anjos para conosco, é verdade de fé desde a antiguidade,

---
12 AGOSTINHO. *De Civit. Dei*, IX, e.7.

seja para judaísmo e para o cristianismo. Ao afirmar que a sociedade do Céu somente é plena porque é feita de homens e anjos, Agostinho simplesmente sintetiza a realidade da unidade do mundo espiritual e invisível com o nosso mundo sensível e material. Mas, a beleza dessa verdade, é que nós, mesmo caminhando neste mundo, interiormente por causa de nossa alma imortal, nos movemos em Cristo e em seu Espírito também na realidade sobrenatural.

Quase duzentos anos depois outro padre da Igreja, chamado Gregório Magno, que foi Papa dos anos 590-604, ao comentar sobre a relação dos anjos e homens, explica à luz dos ensinamentos do Pseudo Dionísio que, de fato, não fomos criados ao acaso.

Existe um propósito para o nossos existir e viver neste mundo. Assim, Gregório nos exorta a vivermos a vida de agora, com os pés no chão, sem espiritualismos baratos e nem mesmo com superstições.

Gregório nos convida a caminhar neste mundo, tendo a consciência que já somos membros da pátria celeste com os anjos, e que, nesta vida, devemos já vivenciar o que viveremos no Céu, sem, porém, deixar-nos levar pela tentação de fugir da realidade e da responsabilidade diante do mundo em que vivemos.

Chama à atenção a exortação que Gregório nos faz a respeito da simples curiosidade em conhecer os anjos. De fato, não podemos simplesmente querer conhecê-los, mas devemos, antes de tudo, buscar entrar em comunhão, amizade, relacionamento com os nossos irmãos celestiais.

E não adianta nada conhecer simplesmente se nós, que somos chamados a estar na presença de Deus com os Seres espirituais, aqui agora não buscarmos viver aquela intimidade com o nosso Deus assim como vivem os anjos. Isso não significa que você deve ser um anjo. Impossível, sua natureza é diferente da deles, mas imitá-los, tê-los como modelos de seres apaixonados por Deus, nos ajuda a sermos melhores e mais autênticos.

Neste sentido Gregório nos diz:

> *"Do que adianta tratar somente sobre as coisas a respeito dos Espíritos angélicos, se não aplicamos em nossa vida? Porque já que é feita de homens e anjos aquela cidade a qual cremos que subam e vivam tanto seres humanos como anjos, também nós devemos nos acostumar a falar das distintas classes dos cidadãos daquela pátria celeste..."*[13]

Veja como é oportuno e ao mesmo tempo profundo, tratarmos da realidade dos anjos. Para os padres da Igreja, tal realidade nunca foi desassociada da nossa. Mesmo sendo de naturezas distintas, os seres celestiais e nós, temos como primeira vocação estarmos na presença do Todo-Poderoso.

Somos chamados a beber com os anjos na mesma fonte da vida da qual fomos criados, sermos agradecido juntos pelo simples e maravilhoso ato de exis-

---

[13] GREGÓRIO MAGNO. *Homilia* XXXIV, p. 12.

tir. Dentro disso, chama-me a atenção uma palavra que ainda Gregório nos diz:

> *"Temos que nos acostumar a falar das várias classes dos cidadãos do céu e ao mesmo tempo nos inflamar de santos desejos de acrescentar em nós a suas virtudes."*[14]

O que isso significa? Que aprender a falar, a se relacionar com os anjos, deve ser um costume, um hábito que devemos adquirir ainda nesta terra, porque o nosso futuro será de habitar para sempre com os anjos no Céu. E o Céu não começa depois, ele é agora, no presente, no hoje.

Não temos tempo mais a perder! Precisamos nos levantar e assumir em nossas vidas, de uma vez por todas, esse grande mistério de pertencer a uma multidão de irmãos! Esses irmãos são os homens e mulheres que foram resgatados pelo Sangue do Cordeiro e, ao mesmo tempo, são os Espíritos Celestes criados por Deus para que estivéssemos em sua presença. Homens e anjos, uma só família na presença de um único Deus (Ap 5).

A Plenitude dessa união entre anjos e homens encontra sua perfeição no mistério da encarnação do Filho de Deus. Ele que é o princípio e centro da adoração angélica, desceu dos céus e veio fazer morada em meio aos homens.

---

14 GREGÓRIO MAGNO. *Homilia* XXXIV, p. 12.

Ao realizar tão grande feito, Jesus Cristo, uniu o Céu e Terra. Os olhares daqueles que contemplavam o Altíssimo no alto, agora o contemplam em meio aos homens embaixo. O mesmo canto que ecoa na Jerusalém Celeste, se escuta no fundo das grutas mais escuras de Belém na noite de Natal (Lc 2, 8-20).

Ao buscar Adão, que se perdeu na morte, Deus, em Jesus Cristo, por intermédio do Espírito Santo, estendeu sua morada em meio aos homens, e, como um peregrino, armou sua tenda na Terra (Jo 1, 1-14). Ao descer, em meio a nós, uniu de novo as duas realidades criadas, a invisível e a visível. Em Cristo nós podemos então ter acesso ao trono da graça, onde encontramos os nossos irmãos celestiais.

É unânime entre os Padres da Igreja, e entre os grandes medievais, bem como em toda Teologia, seja aquela do Oriente e do Ocidente, que em Jesus Cristo encontramos o caminho e ponte de volta para o paraíso perdido. Esta é a profissão de fé que sustentou os mártires e santos ao longo dos séculos.

Por outro lado, por meio da encarnação do Verbo de Deus, os anjos têm acesso, na plenitude, também a nós e vice e versa. Portanto, é em Jesus que o verdadeiro relacionamento entre anjos e homens acontecem, uma vez que Cristo é o centro da vida angélica e humana[15].

---

15 Cfr. STAZIONE, M. *I Pai e Gli Angeli*, p.185; CIC, 333.

Um antigo padre e doutor da Igreja chamado Efrém, o Sírio, exprime essa dimensão da reconciliação entre Céu e Terra na pessoa de Jesus Cristo em uma maneira singular. Por meio de sua linguagem poética, O diácono sírio exprime a beleza e grandeza desse mistério. Em um dos seus hinos sobre a natividade, o autor canta a seguinte estrofe, em honra a Virgem Mãe de Deus, por causa do mistério que esta carrega em seu ventre:

> *"A Terra foi para Ele (Cristo), um novo céu, porque os anjos desceram para dar glória aqui. Os filhos do alto circundaram a tua habitação por causa do filho do Rei, que em ti habitou. Por meio dos Vigilantes fizestes similar a tua morada aqui em baixo como no alto dos céus."*[16]

Veja como esse poema de Efrém encerra a beleza da realização da salvação. O projeto de salvação de Deus para conosco, foi por primeiro para nos livrar do pecado e nos reconduzir de volta àquela comunhão perdida com Deus que, em Jesus Cristo, encontramos seu fim último.

Ao unirmos a Ele, consequentemente, nos tornamos um só corpo com os santos redimidos pelo seu sangue, e, consequentemente, aos anjos nossos irmãos, que alegres fazem festa por cada pecador que se converte (Lc 15, 10). Isto significa que os anjos torcem por você. Eles não estão no Céu pensando so-

---

16 Efrem il Sirio. *Inni sulla nativitá e sull'epifania*, XXV, 17, p. 398.

mente em si mesmos e preocupados em realizar seus ofícios.

Já falamos que os Espíritos celestes, amam a Deus e aos homens seus irmãos, logo, esses se preocupam com a nossa salvação. Sim, os anjos, todos eles sem exceção, te esperam no Céu! Portanto, sendo que são seres criados por Deus e como nós possuem a capacidade de amar, esses nossos irmãos carregam em sua missão uma causa: adorar a Deus e interceder pela tua vida, a fim que se cumpra em ti os desígnios e propósitos do Senhor.

Cada anjo no Céu, já vive a plenitude da vida que é aquela de contemplar a Deus e permanecer em Sua presença. Eles sabem, porém, que nós ainda passamos por processos de transformação e conversão. Os anjos sabem também que estamos a caminho ainda daquela pátria celeste que nos espera e que será para nós o sentido último da nossa vida.

Portanto, tome posse de uma verdade: os anjos rezam por ti, eles misturam suas lágrimas, dores e alegrias, ao incenso da adoração das incontáveis multidões de espíritos celestiais, oferecendo as suas súplicas a Deus, dia e noite, como um perfume de agradável odor a Deus (Ap 8, 2).

Oração

Santos anjos, presença radiosa da realidade invisível, ajudai-nos a nos tornar a transparência de

Jesus Cristo, para testemunhar com a vida de fé, de esperança e amor com Alegria autêntica, a realidade futura do mundo que há de vir e pelo qual habitarei convosco, debaixo da sombra do Altíssimo!

Por Nosso Senhor Jesus Cristo,

Amém.

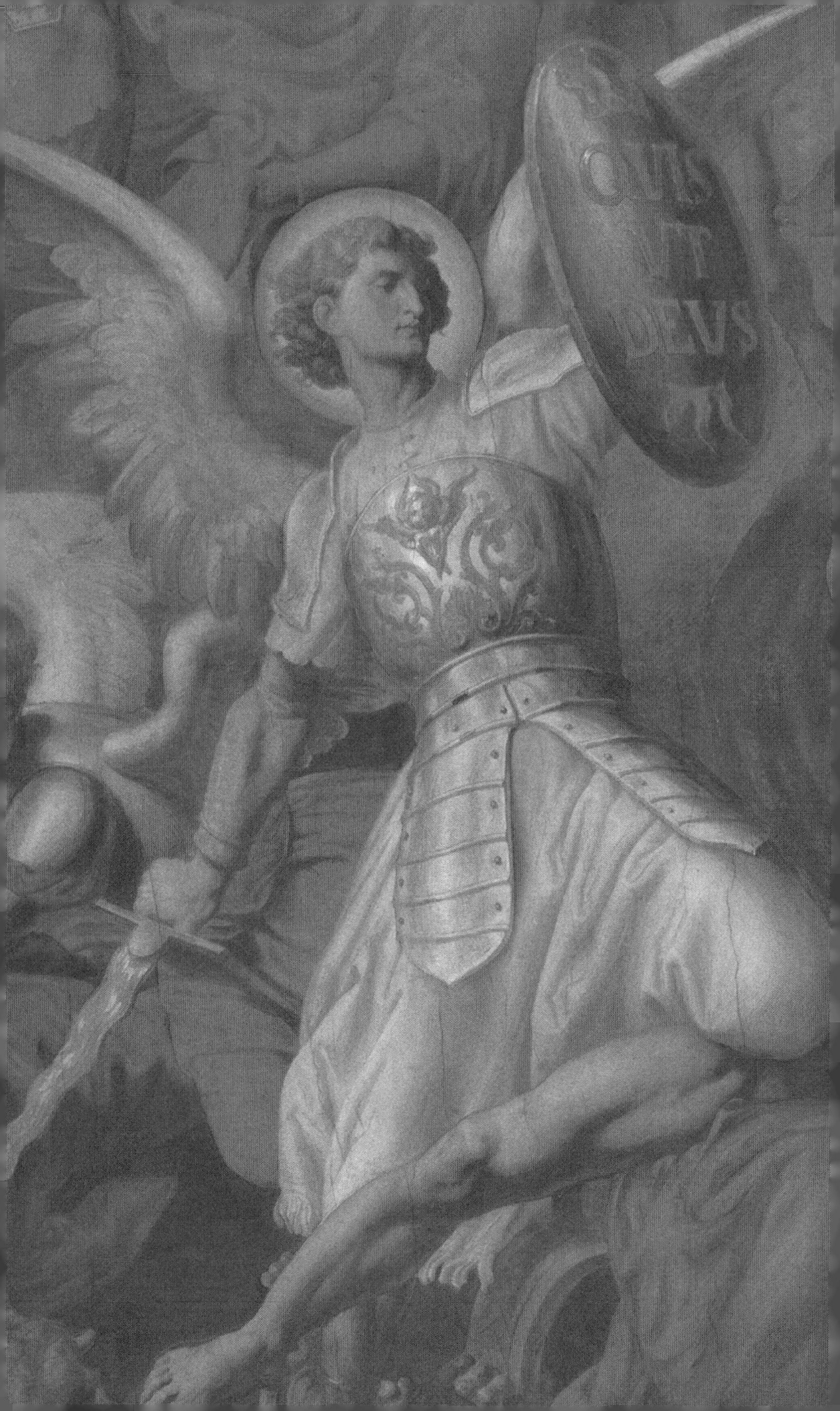
DEUS

CAPÍTULO 2

TEU ANJO DA GUARDA TAMBÉM PASSOU POR TRIBULAÇÕES

> *"Houve uma batalha no céu, Miguel e seus anjos guerrearam contra o Dragão."*
>
> *(Ap 12, 7)*

Como já dito, os anjos, assim como nós, foram criados e dotados de intelecto[17], vontade e liberdade. Isto significa que os seres celestes, possuem a capacidade de escolher e exercitar o livre arbítrio da qual todas as criaturas racionais possuem. Deus os criou como seres pessoais, singulares e únicos, fazendo-os sujeitos livres e capazes de autogovernar a si mesmos, o Senhor concedeu aos anjos e a nós a maior de todas as dádivas: A vida.

Uma das maiores virtudes do amor é desejar o bem do amado como objeto de sua atenção. Querer o bem de alguém é desejar também sua liberdade e, por sua vez, desejar a sua felicidade, que consiste justamente em ser si mesmo. Essa é a capacidade inata pelo qual Deus nos criou. Os anjos não fogem dessa realidade, porque dotados de inteligência e direcionados pela graça divina, não são obrigados a servirem e obedecer a Deus, mas o fazem por livre e espontânea escolha.

Interessante notar que, mesmo sendo o princípio único da vida, Deus Pai não é um déspota e nem mesmo um tirano que egoisticamente manipula suas

---

[17] Cfr. CARPIN, A. *Angeli e demoni nella sintesi patrística di Isidoro di Seviglia*, p. 27.

criaturas como que em uma conspiração para que esses façam obrigatoriamente a sua vontade.

Afirmar o contrário disso é de uma heresia tão grande como negar a própria natureza divina que, em seu ser, é amor e que se derrama eternamente esvaziando-se para que nossa vida se encha daquela vida eterna que só Nele encontramos.

Sendo assim, do mesmo modo que o Altíssimo criou os anjos com o livre arbítrio[18] e infundiu em suas essências a capacidade de amar, Deus então espera, na relação que exerce com suas criaturas visíveis e invisíveis, a mesma dimensão no amor, isto é, a relação gratuita e desinteressada. O Amor se dá gratuitamente, sem querer nada em troca. A perfeição da caridade consiste justamente em doar-se ao outro sem exigir.

Sobre o Amor, temos imensas obras, desde a filosofia e teologia, bem como as poesias ao longo dos séculos. Mas ninguém falou do amor com tanta profundidade como o fez Jesus. De fato, o Amor para o Senhor, não é um sentimento ou uma emoção.

Para Cristo, amar é dar a vida para que o outro possa se encontrar, tornar aquilo a que foi chamado desde a existência. Amar é sinônimo de se entregar, ofertar e ser para o outro si mesmo (Jo 13, 34-35).

---

18 Cfr. São Tomás de Aquino. *Summa Theologica II,* Q. 59, Art. 3, p. 199.

O maior exemplo, portanto, sobre amar, encontramos em Jesus que, por sua vez, ensinou seus discípulos sobre a alegria em viver esse dom se tornando Nele uma benção para quem passará em nossas vidas.

Tendo experimentado em sua vida este amor, o apóstolo Paulo escreveu:

> *"O amor é paciente, o amor é prestativo, não é invejoso não ostenta e não se incha de orgulho. Nada faz por inconveniente, não procura o seu próprio interesse, não se irrita e não guarda rancor. Não se alegra com a injustiça, mas regozija-se com a verdade. Tudo desculpa e tudo crê tudo espera e tudo suporta."* (1 Cor. 13, 4-7)

A Prova dos anjos

Se você perguntasse então qual seria o caráter de um anjo fiel a Deus, te diria que é justamente essa capacidade de somente querer o bem e desejar a nossa salvação e a reunião final dos filhos de Deus no Céu e na Terra.

Mas a pergunta que muitas vezes me faço: se os anjos são puros espíritos e perfeitos em suas essências, como eles podem auxiliar-nos na provação uma vez que nós somos fracos e inferiores a eles enquanto natureza humana?

A resposta a essa pergunta é um pouco complexa e ao mesmo tempo simples. Em um determinado momento na eternidade, ao criar todos os anjos bons, Deus deu a liberdade a cada uma destas criaturas de poder escolhê-Lo, servi-Lo e adorará-Lo enquanto seu criador.

Como já explicitei, o Criador espera de todos nós que O amemos livremente sem obrigação nenhuma, vivendo e manifestando constantemente por um sentimento de gratidão e exercendo a deliberação da nossa vontade.

Ao criar os anjos bons e perfeitos, o Senhor, em um primeiro momento, os criou orientados para a graça. Portanto, existem dois momentos na vida dos anjos. Um primeiro instante quando são criados e passam a ser também seres viventes, e um segundo momento em que o Senhor lhes dá a possibilidade de escolhê-Lo como fonte de bem e felicidade eterna[19].

Será justamente nesses dois momentos que acontece a grande guerra e a rebelião comandada por Satanás e seus anjos. Lúcifer, em um gesto de rebeldia, nega-se, voluntariamente, a orientar seu ser para Aquele que o ama eternamente e que o criou para estar em Sua presença. A batalha se inicia por meio de um grande debate que aparentemente não terá fim.

Corrompido por seu orgulho e soberba, o anjo mais lindo e que fora criado para ser o reflexo do esplendor da Glória de Deus por excelência, começa a dividir e a semear a confusão entre seus irmãos que,

---

19 Cfr. São Tomás de Aquino. *Summa Theologica II*, Q. 62, Art. 2.

como ele, foram criados e orientados a consumirem suas vidas para o louvor e adoração ao Todo-Poderoso.

Preste atenção no que vou lhe dizer: muitas vezes, quando pensamos na criação dos anjos, corremos o risco de pensar que tal movimento da parte de Deus aconteceu como que no automático. Isso acontece porque em nossa mente limitada e, muitas vezes superficial e insensível, temos a tentação de pensar que Deus chamou a existência todas as coisas no impensado.

Pode acontecer que esqueçamos que, para cada ação que realiza, o Senhor possui um plano e um propósito gerado antes em seu coração misericordioso e cheio de Amor. Os anjos não foram criados no atacado. Deus não se relaciona com eles e conosco como nós relacionamos com a multidão (apesar que não existe relacionamento verdadeiro com a massa). Para que um relacionamento seja verdadeiro, é necessário, antes de tudo, o desejo do diálogo e da singularidade.

E o diálogo, nada mais é do que a capacidade de escutar o interlocutor que me ouve e responder ao que foi dito. Sendo que Deus é relação, a partir da sua realidade (imanência divina), as Pessoas da Santíssima Trindade, relacionam-se eternamente doando-se e vivendo o movimento de se derramar uma dentro da outra (pericorese), isto é: vivendo a vida e o relacionamento verdadeiro de não somente se relacionar, mas de carregar o outro dentro de si.

Habitar dentro do coração do outro é o máximo da amizade verdadeira. Deixar que o outro adentre em nós e ali possa encontrar, em nosso coração, um lugar para ficar e cear conosco é o máximo daquilo que somos chamados a ser, isto é, abrir a porta do nosso coração para Deus e os irmãos entrarem (Ap 3, 20).

O mesmo Deus que, em Jesus, veio se relacionar conosco, se comunicando com nossos primeiros pais ainda no Éden, também buscou cada espírito celeste singularmente e pessoalmente, chamando-os a cada um pela força de sua graça, atraindo-os a Ele.

Mas, como eu mesmo afirmei, Deus não obriga ninguém. Se você perguntar aos padres da Igreja, por exemplo, em como o Senhor nos sonhou, a começar por Agostinho e passando por João Damasceno e Máximo Confessor, veremos a afirmação que a alegria de Deus é ver suas criaturas racionais, livres e felizes, tendo a Ele como a finalidade última de tudo, vivendo com Ele um relacionamento verdadeiro.

Sendo que os anjos eram livres para deliberarem (escolherem), alguns comandados por Satanás levantaram-se contra os desígnios eternos do Senhor. De fato, a origem do pecado se dá primeiro entre os anjos e sucessivamente por meio da tentação com Adão no Éden quando a serpente o tentou[20].

---

20 Cfr. Concilio de Latrão V, I, 1215.

Não possuindo corpo como nós, o pecado dos anjos caídos não é carnal como o é na nossa realidade humana, que gera a concupiscência. De fato, o pecado dos espíritos celestes, está profundamente ligado ao orgulho e a soberba de querer ser como Deus, ou de suplantar o lugar do Criador em relação a sua criatura. Na verdade, o que motiva a queda dos anjos rebeldes é o fato de desejarem ser aquilo que não são, de almejarem algo que foge de sua condição de criatura[21].

Esse desejo de se tornarem como Deus terá seu eco na tentação do paraíso terrestre, quando a serpente, enganando Eva, lhe diz que o Criador lhe proibira de comer da árvore do conhecimento do bem e do mal, porque se dela comerem e derem o passo de desobedecer radicalmente a Deus, serão como Deus (Gn 3, 1-6). O ensinamento da Igreja nos diz que essa prova final aos quais os anjos passaram, aconteceu antes da criação do mundo[22].

Nesse sentido, entre os filhos celestiais de Deus, aconteceu que alguns deixaram-se levar por sua própria má escolha, conscientes em voltar as costas para Aquele que os chamou a existência. A própria escritura afirma que do pecado dos anjos se encontra no princípio. Jesus, ao confrontar seus adversários, afirma que o Diabo é "homicida desde o princípio e pai

---

21 Cfr. V. Lossky. *La Teologia Mistica della Chiesa d'Oriente*, p. 137
22 Cfr. CIC, 391.

da mentira" (Jo 8, 44). Se é pai, logo, o espírito rebelde é a causa de todo o mal que há no mundo.

Que o Diabo seja o pai de todo mal e o incitador da destruição da obra de Deus, isso é, atestado em todas as escrituras. Diante isso, a pergunta é: Satanás e seus demônios sempre foram maus? A resposta é não. Simplesmente porque Seu criador os criou bons e orientados para o amor. Mas assim como nós, que podemos escolher entre fazer o bem ou o mal, também os anjos escolheram servir ou não o seu Senhor.

A respeito desse tema, Cirilo de Jerusalém escreveu:

> "O Diabo é o primeiro responsável do pecado e pai de todos os males. Ele não pecou porque isso fizesse parte de sua natureza de buscar o mal, mas invés ele assumiu a responsabilidade do pecado que recai sobre aquele que o comete. E mesmo tendo sido criado bom, ele se tornou diabo pela sua própria vontade, assumindo o nome da sua ação (adversário de Deus)."[23]

O teu Anjo da Guarda escolheu Deus e você!

A verdade a respeito de Lúcifer e seus demônios é que eles rejeitaram radicalmente a Deus e a Seu reino e isso culminou na guerra entre os anjos bons e maus. Naquele momento, a linha de batalha estava formada: de um lado o Dragão com seus an-

---

[23] CIRILO DI GERUSALEMME. *Cathechesi Prebatismale e Mistagogica*, II, 4.

jos e Miguel com seus guerreiros cheios do poder de Deus. Enquanto Satanás escolheu as trevas, os anjos da milícia de Miguel escolheram a luz inacessível de Deus.

Os anjos quando escolhem a diferença de nós, escolhem para sempre, uma vez que esses possuem a perfeição e a visão plena do próprio existir. Assim sendo, no momento em que decidem não obedecer e servir ao seu Deus, seu querer não tem volta[24].

Dentro disso, veja como é belo o mistério dos anjos que permaneceram fiéis a Deus: Eles escolheram o bem e a Deus para toda a eternidade e, por isso, são santos e vivem já na plenitude da graça e pelo qual foram criados, enquanto os demônios caíram em "desgraça", isto é, fora da graça e da luz de Deus.

Muitos teólogos buscaram entender a causa da queda dos espíritos maus. Mas, a verdade unânime que toda a angelologia concorda é que o motivo para a queda de Lúcifer e seus demônios foi porque o Verbo de Deus assumiria a nossa natureza humana e deveria nascer de uma mulher[25].

Soberbos e cheios de si, os anjos rebeldes disseram: Não serviremos! Ao proclamarem tais palavras, caíram como estrelas por sua arrogância e foram ven-

---

24 Cfr. JOÃO DAMASCENO. *De Fide Orthodoxa*, II, 4: p. 94, 877C.
25 Cfr. F. SUAREZ. *Opera Omnia,* Vol I, I-X.

cidos pela humildade da maioria dos anjos que permaneceram fiéis a Deus.

Essa guerra está descrita no livro do Apocalipse:

> *"Houve uma batalha no céu, Miguel e seus anjos guerrearam contra Dragão. O Dragão batalhou juntamente com seus anjos, mas foi derrotado e não mais achou-se lugar para eles no céu. Foi expulso para a terra e seus anjos foram expulsos com ele..." (Ap 12, 7-9)*

Veja, a escritura é explícita em nos comunicar, que na eternidade aconteceu uma batalha entre os anjos por causa de uma mulher que estava para dar à luz um filho. Esse filho sabemos muito bem que é o próprio Filho de Deus, Salvador do mundo.

A causa, portanto, primordial está no mistério da encarnação pelo qual o anjo soberbo e rebelde não aceitou. Sobre a prova dos anjos estarem ligada a encarnação divina, encontramos em Francisco Suarez, grande teólogo jesuíta que se destacou como um dos maiores pensadores da idade moderna a respeito da realidade angélica, este parecer.

Em sua obra De Angelis, Ele conseguiu conciliar a angelologia de Tomás de Aquino e aquela de Duns Scoto. Suarez é do parecer que os anjos foram criados como puros espíritos e que, portanto, possuem naturalmente a imortalidade assim como afirma Tomás de Aquino.

Suarez afirma, em sua obra, que existiu três momentos a respeito da prova dos anjos. Em um primeiro momento, o autor explica que todos os anjos, até mesmo os futuros demônios, cumpriram ações boas e, por isso, avançaram em sua evolução espiritual auxiliados pela Graça. Depois ouve um segundo momento. Sempre pela Graça divina, Deus quis revelar aos anjos o mistério da encarnação do Verbo de Deus que se faria homem e que todos os anjos deveriam continuar a adorá-Lo como seu Senhor.

Neste momento, Lúcifer e seus anjos se opuseram a Deus pelo simples fato achar que esta honra deveria ser dada a ele. Portanto, o pecado dos anjos caídos reside na desobediência e na rebelião e orgulho.

Em contrapartida, os anjos que permaneceram fiéis ao Senhor obedeceram alegremente e aceitaram o mistério da encarnação. Nesse momento, acontece a batalha a qual o Apocalipse 12 nos apresenta. Sendo precipitados no inferno, os demônios foram expulsos enquanto os anjos bons entraram na beatitude (contemplação e comunhão com Deus).

O interessante na abordagem de Suarez, é que ele reafirma a centralidade de Cristo na vida dos anjos e homens. Portanto, ao falarmos sobre a prova e sobre a batalha no Céu, o que podemos afirmar é que os anjos de Deus escolheram e aceitaram Jesus Cristo como o Senhor de suas vidas assim como nós também o devemos faze para alcançar a vida eterna[26].

---

26 A respeito dessa abordagem da prova dos anjos Cfr. F. SUAREZ.

Suarez, ao conciliar o pensamento tomista e aquele de Scoto, na realidade, não foge em geral do que os medievais afirmaram a respeito da queda dos seres celestes. Ao falar sobre a criação dos anjos na eternidade, Tomás de Aquino nos dirá que, assim como nós, esses seres foram criados bons. Sendo criados em estado de graça, eles necessitaram do auxílio da graça para se converterem a Deus, escolhendo-O livremente como seu Deus.

Talvez você ache estranho este argumento de Tomás. Mas ele explicará melhor, dizendo que, mesmo sendo criados perfeitos, os seres celestes ainda não possuíam a visão beatifica, isto é, a contemplação plena. Para isso, precisaram ser auxiliados pela graça para escolher a Deus[27].

Essa conversão dos anjos não deve ser entendida como nós muitas vezes pensamos a respeito do abandono de uma vida velha. Estamos aqui falando do início da criação, ainda quando não existia pecado e, nem mesmo, as más inclinações. Ao criar no instante os anjos, o Senhor deu a possibilidade de serem atraídos até Ele. Nesse percurso e processo de escolha e de aproximação até o Criador, os anjos rebeldes decidiram não servir a Deus.

Talvez você possa perguntar como isso foi possível? A resposta é simples. Ora, onde estavam Adão e

---

Opera Omnia, Vol I, I-X.
27 Cfr. São Tomás de Aquino. *Summa Theologica II,* Q. 62, Art. 2.

Eva quando pecaram? Onde estavam os anjos quando caíram? Ambos no Paraíso. Sempre será a nossa responsabilidade diante das escolhas que tomamos. O que é o inferno se não a negação e o abandono da graça de Deus em nós? Quero te dizer o seguinte: Deus te fez livre e ele não obrigará você a acolher sua graça se não for por amor da tua parte em responder ao seu Amor infinito. Se ele agir ao contrário disso, Ele não é Deus, mas um tirano.

Mas veja, sejam os anjos bem como Adão, mesmo tendo sido criados no Paraíso, deveriam caminhar auxiliados pela graça santificante em direção a acolher e contemplar a Deus na vida beata. No processo entre a criação e a contemplação de Deus, um terço dos anjos voltou atrás, enquanto a maioria, isto é, dois terços, abraçou a Deus entrando em Sua presença[28]. No meio dessa maioria que contemplou a Deus, estava teu Anjo da Guarda!

A luz do que afirma Suarez sobre as etapas da prova dos anjos, podemos fazer também uma analogia a nós. Ao sermos criados dotados de liberdade e vontade, também somos chamados a escolher pelo Bem Supremo. Uma vez que escolhemos o Senhor, passamos pela segunda etapa de nossa vida que é aquela de acolher a graça e a vontade divina em nossas almas. Fazendo o bem e vivendo buscando a santidade, vivenciamos ao longo da nossa vida os proces-

---

28 *Idem.*

sos de conversão e caminho com o Senhor até o nosso último suspiro. A terceira etapa, portanto acontece no fim desta vida terrena e na adesão da vida eterna. Por isso que, no processo de canonização para os católicos, temos a etapa da beatificação. O que isso significa? Que alma daquele servo de Deus está na presença e contempla a Deus na plenitude face a face!

Como os beatos e santos que nos precedem no Céu, também nós enfrentamos ainda aqui os percalços da vida e as provas que esta nos apresenta no cotidiano. Mas, mesmo assim, somos chamados o tempo todo a aderir à verdade que nos liberta que é o Filho de Deus dado pelo Pai para que não nos percamos. Ao fim da vida, somos chamados a escolher definitivamente o Senhor. Ao acolhermos a realidade escatológica, ainda nesta esta vida, entramos na beatitude em que os anjos e os que nos precedem já vivem no paraíso.

Em uma analogia, portanto podemos dizer que passamos pelos processos que os anjos, a seu modo, passaram no Céu antes da criação do mundo. Ora, o que são os santos no Céu se não homens e mulheres que passaram por processos na vida e, ao fim último de suas existências, escolheram a felicidade plena que é Deus por excelência?

Por isso, teu anjo pode orar e interceder por ti. Ele passou pela prova e permaneceu fiel. Ele, portanto, te ajudará também a fazer a escolha certa que te dará a plenitude da vida e da graça, assim como ele recebeu do Senhor, ainda antes da criação do mundo!

A luz do que nos disse Suarez e também do que acreditava Duns Scoto a respeito do mistério da encarnação, que o Verbo de Deus se tornaria homem independente do pecado de Adão[29].

O que conta ao fim de tudo é que, o princípio da causa e o motivo final da batalha celeste se deram por causa da honra e dignidade de Deus que decidiu assumir a nossa natureza humana. Logo, podemos, com certeza, afirmar à luz da doutrina da Igreja, que os anjos adoram a Jesus Cristo e a Ele rendem glória dia e noite por ter aderido ao Seu plano salvífico (Ap 4, 10).

De fato, Cristo é a vida e o centro da vida angélica. Os Seres celestes foram criados por Ele e para Ele (Cl 1, 16), e são seus mensageiros. Eles estão presentes com o Senhor desde o início da criação do mundo e voltará com o Cristo em sua Glória (Mt 25, 31-46).

O objetivo de salientar esse particular da guerra celeste é para te dizer uma única coisa: O teu Anjo da Guarda presenciou todas essas coisas. Ele foi provado e escolheu por Deus. Ele batalhou e se filiou às fileiras dos anjos, seus irmãos, que expulsaram Satanás e seus demônios do Céu.

---

29 Cfr. V. LOSSKY. *La Teologia Mistica della Chiesa d'Oriente*, p. 128.

Por conseguinte, quero lhe comunicar uma grande alegria: Teu Anjo da Guarda é um guerreiro vencedor de muitas batalhas. Ele, ao escolher a vontade de Deus, e se deleitar em obedecer ao seu amado, consequentemente, sem ainda ter a plenitude do conhecimento do que viria depois, disse sim a sua vida, simplesmente porque, ao criar o homem, Deus já o chamava a se tornar filho no Filho.

Assim sendo, a própria criação dos anjos ilumina a nossa, fazendo-nos perceber que, ao sermos criados à imagem e semelhança de Deus, fomos orientados a Ele, movidos e atraídos ao Verbo de Deus que, nascendo da Virgem, assumiu a nossa natureza e veio nos salvar.

Quando cessou a guerra e a luz de Deus iluminou o profundo de cada anjo fiel, e seu amor os envolveu, em algum momento da eternidade, no Éon, a Trindade derramou sua graça e estes contemplaram, na plenitude, a vida beatifica do Senhor[30].

Neste momento, o coro dos anjos se realinharam e alegres deram início ao cântico que eternamente ecoará nos Céus e que nós na Terra repetimos com eles:

> *"Santo, Santo, Santo é o Senhor Deus do Universo, a sua glória enche toda a terra."* (Is 6,1-6)

---

30 O *Éon*, ou Evo, é tempo na eternidade, que por sua vez é diferente da concepção de tempo que temos nós. Cfr. FORTEA, A. F, *Summa Daemoniaca*, p. 18.

Sim, o Senhor é Santo, e não há outro tão grande como Ele, lá em cima no Céu, nem mesmo aqui embaixo na Terra (1 Sm 2, 2). Ao cantar este louvor de adoração, os anjos do Céu professam a salvação que vem do único Deus que, sendo inacessível e grande, que sendo Altíssimo e Poderoso, quis se comunicar movido unicamente pelo seu amor, para reunir em torno a si, homens e anjos como filhos ao redor da mesa.

A rebelião e a maldade de Lúcifer e seus anjos rebeldes não foi a última palavra no Céu. A maioria dos anjos que permaneceram unidos ao seu Criador, tornaram-se participantes em Jesus Cristo da vida dos homens. Como disse, no início deste livro, os anjos de Deus, quando adoram ao Senhor, também agradecem a Ele por tua existência e pelo simples fato de que um dia tu estarás com eles misturando tua voz às vozes de milhares e milhares de irmãos celestiais.

Mas, a verdade em tudo isso é: o Dragão foi lançado com seus anjos na Terra e veio causar a guerra e a perdição entre aqueles que ele odeia desde o início (Ap 12, 17). Não pense você que por causa da vitória lá em cima os anjos se contentaram a simplesmente pensar em si mesmos. Satanás tentou Adão e Eva, buscando a destruição da humanidade por meio do pecado. Mas os anjos se maravilharam ainda mais em ver o mover de Deus, que não ficou estático e nem mesmo impassível aos sofrimentos da humanidade.

Cheio de misericórdia e compaixão o Grande Eu Sou, enviou seus anjos durante todo o Antigo Testamento. Eles foram testemunhas da Aliança com Abraão. Eles combateram os deuses do Egito, enfrentaram os deuses em Canãa para que se cumprisse a promessa da terra prometida a Abraão. Eles socorreram órfãos, lutaram em guerras livrando povo de Israel de seus inimigos. Foram enviados a curar, e em um ato extraordinário e maravilhoso, perceberam que, ao aderir ao Deus de Amor, tornaram-se membros e parte de um sonho de Deus para sua criação.

Passaram-se milhares de anos, até que na plenitude dos tempos, Ele, A Segunda Pessoa da Santíssima Trindade desceu e se fez Homem no ventre da Virgem e habitou em meio a nós (Jo 1, 14). Todos os anjos viram e até os demônios foram obrigados a contemplar: "Deus amou tanto o mundo que entregou seu Filho para que todo aquele que nele crê, não pereça mas possua a vida eterna (Jo 3,16). Por terem dito sim, eles se maravilharam, quando o Todo-Poderoso por meio de Seu Filho, desceu de Seu trono e se deitou em uma manjedoura.

Os anjos foram testemunhas da grandeza do Amor que o nosso Deus tem por cada um de nós, vindo a fazer desta morada terrena uma extensão do Céu. Se Lúcifer pensou que tudo estava destruído, ele se enganou, porque o mal nunca vencerá o bem, mesmo que este faça mais barulho que a bondade silenciosa que brota dos corações. E foi por amor ao

Todo-Poderoso por primeiro e depois por nós, que os anjos de Deus disseram sim, em vir aqui neste mundo para batalhar, caminhar e guardar cada filho e filha de Deus no caminho deste vale de lágrimas.

O que se deu início lá na eternidade, continua aqui no tempo, no cotidiano, na labuta da vida, sabendo que existe uma multidão incontável de irmãos que não deixaram de acreditar em você. Esses irmãos celestiais não se cansarão de interceder por tua vida, e de todos os dias te lembrar, que você tem uma casa no Céu, preparada para ti, e que aqui é só uma passagem.

Prepare o teu coração. O mistério do Anjo da Guarda se revelará a partir das próximas páginas. Deixe teu coração arder...

Oração

Santos anjos fiéis na provação, eleitos por Deus. Façam que, na prova da nossa vida, possamos sentir a presença do Senhor e a vossa presença fraterna, para superar o mal e o desânimo, para dar o nosso sim e aceitar com alegria à vontade divina.

Por Cristo Nosso Senhor,

Amém.

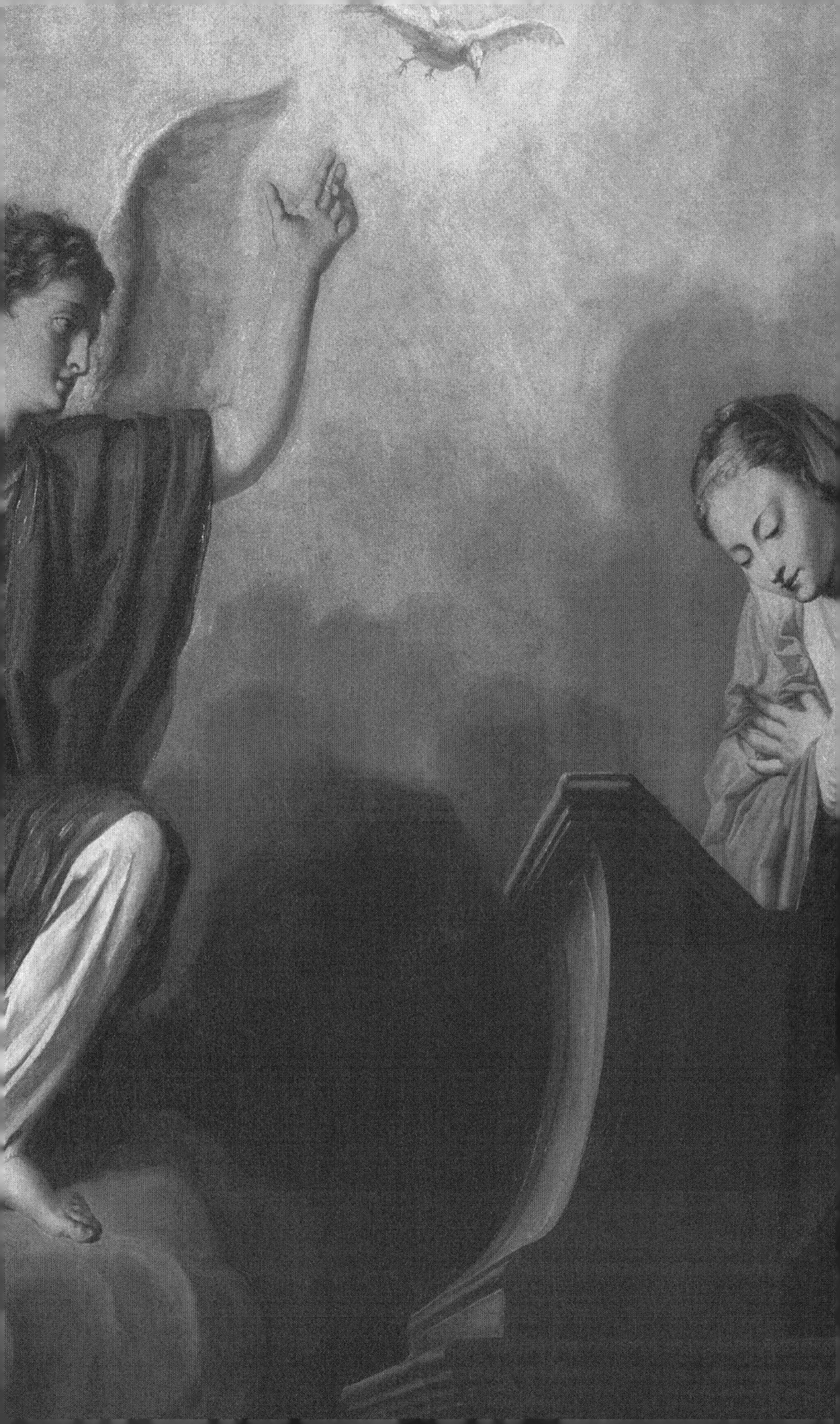

CAPÍTULO 3

DESDE O VENTRE MATERNO

"Antes de te formar no ventre materno eu te conheci; antes que saísses do seio de tua mãe eu te consagrei..."

(Jr 1, 5)

No solo de carne escuro do útero da tua mãe, desceu uma luz. No silêncio do mistério da vida, quando ninguém via e nem mesmo tua mãezinha percebia, Deus desceu do Céu para te tecer e te formar no seio daquela que te deu a luz. Não importa o modo, o dia e nem mesmo as circunstâncias em que tua concepção aconteceu.

Se fostes amado e desejado por seus pais ou se, de alguma forma, tua concepção tenha sido um acidente indesejado, o mesmo Deus que formou os espíritos celestes com por meio de sua bondade e amor, te chamou à existência. Mal você era formado e já no mundo celeste os anjos cantavam louvores a Deus pelo dom precioso da tua vida.

O Céu sorriu para ti, quando ninguém ainda sonhava contigo. Teus irmãos da pátria divina agradeceram ao Senhor teu Deus pela graça da tua existência. Ainda quando teus familiares não sabiam o sexo, sua fisionomia, ainda quando teus pais não planejavam teu enxoval e nem mesmo tinham consciência da benção que tu se tornarias, o Deus sonhava e cuidava de ti.

No instante que o espermatozoide de teu pai se unia ao óvulo fecundo de tua mãe, um movimento maravilhoso acontecia na eternidade e os anjos foram testemunha: A Trindade Santa, em um movimento de amor, pronunciou: "Façamos o homem à nossa imagem e semelhança" (Gn 1, 26).

Não! A criação do homem não terminou no Éden. Ela ainda acontece no seio de cada mulher que é chamada a dar à luz a filhos novos para Deus, e que aceitam em seu interior a vida que vem do Autor de toda existência.

Toda atenção. Todo cuidado e carinho acontecem no início da vida de cada um de nós. Cada detalhe, cada tecido e tendão que vai se formando, cada célula que vai dando forma a órgãos internos e externos, tem por detrás o querer e o mover de Deus por meio de Sua Palavra pronunciada na eternidade em Jesus Cristo e que te chama pelo nome (Is 43, 1-2).

Precioso aos olhos do Senhor, querido e sonhado por Ele, assim és tu. Tua vida e teu respirar, teu sorriso e tuas lágrimas, fazem o coração de Deus bater mais forte por amor de ti. Teu valor é imensurável.

Nem o ouro mais puro e nem mesmo a pedra mais preciosa, pode substituir a grandeza que tu és perante o Senhor. O coração de Deus arde todas as vezes que escuta teu nome. Uma chama se ascende no seio da trindade por meio do Espírito Santo, quando no Céu ouve-se teu nome...

Teu anjo disse sim a tua vida

Talvez possa passar despercebido aos nossos olhos, a grandeza da maravilhosa presença de um anjo em nossas vidas.

Veja, existe um espaço de tempo, entre a tua concepção e o envio do anjo da parte de Deus para te guardar. Quero salientar esse momento porque é justamente aqui que reside a beleza do mistério do Anjo da Guarda.

Como dissemos, desde muito cedo, o ensinamento da Igreja entendeu à luz das Escrituras, que os anjos são seres reais, pessoais, dotados de intelecto, vontade e liberdade[31]. Desde que passaram pela prova, esses nossos irmãos escolheram para sempre a Deus e aos Seus desígnios e propósitos. Tudo o que fazem o realizam para a maior glória de Deus.

Porém é importante evidenciar, dentro desse contexto de existência angélica, que ao serem enviados por Deus para nos proteger, eles disseram sim.

A tentação, que muitas vezes nos ocorre, é achar que os anjos são como robôs que somente executam as ordens divinas. Calma, vamos sair da superficialidade e mergulhar um pouco mais no profundo das coisas. Assim como podes dizer não ao Senhor e não querer executar suas ordens, assim também um anjo pode se negar ao Senhor.

---

31 Cfr. Brito, R. *O Segredo dos Anjos*, p. 21.

Os que o assim fizeram hoje são chamados de demônios. O fato de demônios existirem atesta, portanto, a liberdade de escolha que os seres celestes possuem. Vimos que a queda de Lúcifer e seus anjos deveu-se ao seu orgulho e soberba em não querer se rebaixar a uma criatura inferior em natureza a deles.

Dentro disso, o que contrapõe os anjos bons dos maus? É que os que permaneceram fiéis e queimando de amor por Deus são humildes e se rebaixam. A humildade e a obediência do teu Anjo da Guarda é a arma mais poderosa contra Satanás e seus anjos.

Veja, considerando que os anjos bons decidiram e escolheram por Deus, logo, abraçaram eternamente todos os desígnios que a vontade divina lhes comunicaria. Entre esses propósitos eternos, encontrava-se a ti. Um dia, no hiato do tempo entre a tua criação e o envio de um anjo para te guardar, existiu um chamado na sala do trono.

Não sabemos quando, mas, em um determinado momento que os anjos de Deus cumpriam sua liturgia, adoração e intimidade com o Deus Uno e Trino, Deus olhou no meio das hierarquias angélicas e seu olhar recaiu sobre um ser de luz cheio de graça e amor.

Podemos imaginar a cena. Enquanto em seu interior o anjo adorava com todo seu ser ao seu Deus, o Todo-Poderoso que sonda o íntimo e que fala dentro de nós, comunicou ao anjo a respeito de ti.

Não sabemos como foi este diálogo, mas sabemos que ele existiu. E como?

Ora, se a palavra anjo vem do hebraico: Malak que significa mensageiro e enviado, e que portanto é sobre ministério e não essência, logo entendemos que, para que um mensageiro cumpra bem sua missão, ele precisa ser antes de mais nada chamado.

Sim! O vinde antecede o ide. A convocação precede a missão. Portanto, com segurança, podemos dizer que, ao pensar em tua vida e em todo o percurso que deverias passar neste mundo, o Senhor chamou do meio da multidão dos espíritos celestes, o anjo que se tornaria teu companheiro para toda tua vida.

Consegue imaginar a cena comigo? Pense como foi glorioso e honroso para nosso anjo, quando o Autor da vida e motivo de toda felicidade angélica, o chamou com voz mais forte que muitas águas em Sua presença. O nosso irmão do Céu subiu as escadas do trono, e se prostrou. Em pé, em seu trono, Deus revelou a ele a teu respeito. Como um Rei faz com os generais responsáveis pela guarda de seus filhos príncipes, o Senhor deu recomendações, ordens e o encheu de autoridade e poder.

Enquanto as multidões dos outros seres celestes adoravam, teu futuro anjo acenava a cabeça em sinal positivo, dizendo que aceitaria a árdua missão de te acompanhar e fazer parte da tua vida. Um sorriso em seu rosto se pode ver e uma chama iluminou seu interior: Ele recebera a incumbência de se tornar irmão de um ser inferior a ele, mas que, na essência, reflete a Glória de Deus.

Quem sabe um dia, na eternidade, poderemos sentar à mesa com nosso anjo e lhe perguntar como foi para ele ter respondido ao chamado que seu Criador lhe deu. Tenho certeza que descobriremos muitas coisas.

Quando o teu anjo desceu do Céu

Para a doutrina católica, nós somos protegidos e guardados pelos anjos desde o início de nossa vida[32].

Este início da vida, ao longo dos séculos, foi motivo de debates a respeito de em qual momento específico acontece a "infusão da alma" na vida de um ser humano. Não entrarei detalhadamente sobre esse tema, porque foge da nossa reflexão.

Mas, ao longo dos séculos, a Teologia, à luz da revelação e também das novas descobertas científicas a respeito da formação da vida, sempre afirmou veementemente que o início da vida se dá na concepção, e que, desde o instante do início, ali se encontra presente uma pessoa humana que deve ser respeitada e protegida[33].

---

[32] Cfr. CIC, 336.
[33] Cfr. CONGREGAÇÃO DA DOUTRINA DA FÉ, Istr. *Donum vitae*, Introductio, 5: AAS 80 (1988), p. 76-77.

Se pararmos para pensar, a própria natureza em si mesma nos ensina sobre proteção. Ao contemplar, por exemplo, os animais irracionais, veremos este instinto de proteção em relação às suas crias, como medida cautelar para a sobrevivência.

Como não pensar nos pássaros que constroem seus ninhos nas alturas das árvores para os preservar dos predadores. E, passando por todos os seres vivos, até chegar a nós, veremos que a criação nos ensina a respeito do valor e da beleza da vida.

É na idade moderna com o alvorecer da influência e má-interpretação da teoria da evolução, que se deixará para trás o que para a biologia é obvio: a fertilização é o início da vida e, portanto, já ali deve ser protegida e cuidada[34].

Por isso que nós cristãos à luz da palavra de Deus e da tradição, somos contra o aborto e qualquer outra forma de práticas que violem a sacralidade da vida humana. Não é uma questão de crença e de doutrina somente, mas a realidade do aborto é um ato de grave ataque ao futuro da existência humana.

Você então pode imaginar o espetáculo da vida se formando dentro do ventre de uma mulher? As etapas em que o processo da vida acontece é lindo. Complexo e coordenado, o Criador que é um artista

---

34 Cfr. OKADA ET AL. *A role for the elongator complex in zygotic paternal genome demethylation*, NATURE, p. 463:554 (Jan. 28, 2010)

detalhista, cuida com perfeição de cada momento do início da vida.

Desde o zigoto, passando pelo processo da clivagem e mórula e blastocisto até a formação fetal, Deus vai como que tecendo o ser humano em desenvolvimento. Ele o acompanha em seu desenvolvimento embrionário até a formação do feto, que por sua vez se desenvolve ao longo de nove meses até o nascimento.

Ao contemplar esse mistério de amor de Deus manifestado por meio do nosso Anjo da Guarda, me vem em mente o que escreveu Tolkien ao seu filho Christopher, quando este se encontrava na guerra. O autor do Senhor dos Anéis, que teve uma forte influência dos medievais, inclusive de São Tomás de Aquino, define esse cuidado dos anjos dizendo ao seu filho:

> *"Lembra-te do teu Anjo da Guarda. Ele não é uma senhorinha gordinha com asas de cisne! Mas penso e creio: enquanto almas dotadas de livre arbítrio, nós somos por assim dizer diante de Deus. Mas Deus é também atrás de nós, sustentando-nos, nutrindo-nos (porque somos criaturas). No luminoso ponto de poder aonde chega esta linha vital daquele cordão umbilical espiritual: ali está o nosso anjo, que contempla ao mesmo tempo a Deus estando atrás de nós, em uma direção que não podemos ver."* [35]

No silêncio da formação humana, enquanto o Deus do impossível, realiza o seu querer, coligando-

---

35 J.R.R. Tolkien. *Lettere*, p. 54 e p. 89.

-nos a Ele, o anjo, presente desde a nossa concepção, adora e contempla a Deus, por meio do mistério da fragilidade humana em formação. Aquele pequenino ser é chamado a ser filho no Filho de Deus. Nesse sentido, o anjo louva e agradece ao Senhor pela oportunidade estar presente no início da vida daquele que um dia estará no Céu juntos dele.

Ao exortar seu filho a se lembrar do seu anjo, Tolkien, demonstra a sua consciência da dimensão poderosa e necessária da companhia de alguém vindo diretamente do trono de Deus para nos lembrar que não terminaremos nossos dias aqui nesta terra, mas que nascemos para nunca mais morrermos.

Esse Deus não te abandona depois do nascimento. Ele é presente nos primeiros meses e anos de vida extrauterina. Caminha conosco na infância e na adolescência. Auxilia-nos nas crises existenciais da juventude e da vida adulta. Permanece presente na velhice e na hora da morte. Acolhe-nos em seus braços quando fechamos nossos olhos nesta vida e com seu Amor infinito nos acolhe na glória.

Este é o processo da vida humana!

Neste processo, de meses e anos, o teu Anjo da Guarda presenciou. Ele esteve presente no momento em que a vida era criada naquele instante da fecundação. Ao ver todo o processo da vida que citamos, o teu anjo orou, intercedeu, louvou e adorou a Deus por toda essa maravilha que és tu. Eu, quando chegar no

Céu, vou perguntar ao meu Anjo da Guarda, em qual foi a canção que ele compôs enquanto eu era formado no ventre de minha mãe.

Ao pensar nisso, me lembro do mito da criação de Arda (Terra Média), no mundo ainda fantástico de Tolkien, quando ele nos narra a criação do mundo, que dá seu início a partir do cântico dos Ainur (Ainulindalë).

Segundo o autor do Senhor dos Anéis, os Ainur entoaram uma canção harmoniosa e a partir desta Eru Iluvatar (Deus), criou o universo conhecido. Através daquela canção, o Único chamou à existência todas as coisas visíveis depois de ter criado as invisíveis[36].

Ao me reportar a linguagem poética de Tolkien, faço a ligação com o que apenas dissemos: Enquanto Deus te criava, o cântico e o louvor do teu anjo se uniam ao da multidão dos coros celestes, para louvar ao criador pelo dom precioso da tua vida.

Com um "sorriso" iluminado, o Ser de luz mandado para te guardar, o enviado por Deus para te proteger fez que o mundo espiritual se lembrasse que ainda Deus desce na Terra para chamar a existência os que ainda não existem.

Tu entendestes? Enquanto o Senhor te tecia no ventre escuro de tua mãe, e no silêncio mais inaudível

---

36 Cfr. J.R.R Tolkien. *O Silmarillion*, I, p. 4.

e escondido, teu anjo se maravilhava com a explosão da vida pelo qual eras formado.

Tu te tornaste, portanto, o motivo da adoração, do louvor, do agradecimento de um ser celestial na Terra. O mistério do Anjo da Guarda é tão profundo e belo que podemos desde já agradecer por ter em nossa vida alguém tão especial.

O nosso companheiro do Céu, ao descer, veio para nos guardar e nos proteger dos ataques daquele anjo caído que, odiando nossa humanidade, desejou a cada instante dar fim a nossa existência. Portanto, a missão do Anjo da Guarda é nos proteger do nosso inimigo. Nesse sentido São Hilário escreveu:

> *"Estes espíritos, foram mandados para a salvação do gênero humano; já que nossa fraqueza não poderia resistir a infernal iniquidade, sem que fosse confortado pela guarda e defesa dos anjos."*[37]

O cuidado que temos neste mundo está fundamentado no amor de Deus por nós. Sabendo que Lúcifer e seus anjos planejaram destruir a humanidade, quis Deus que anjos do céu, vencedores e amantes dos homens, viessem neste mundo para caminhar e proteger seus filhos. O conforto da presença desses seres poderosíssimos é a prova do cuidado e da misericórdia de Deus para conosco. Como isso aconteceu? Veremos...

---

37 HILARIO DE POINTERS. *Comentário aos salmo,* 154, p. 147.

Oração

Santo Anjo que por Deus foste enviado para me guardar e proteger, desde o ventre materno, conceda-me a graça de reconhecer por meio da sua presença, o Amor de Deus por mim e Seu auxílio em todas as circunstâncias.

Ajudai-me a ser sempre grato e generoso para com Deus.

Por Cristo Nosso Senhor,

Amém.

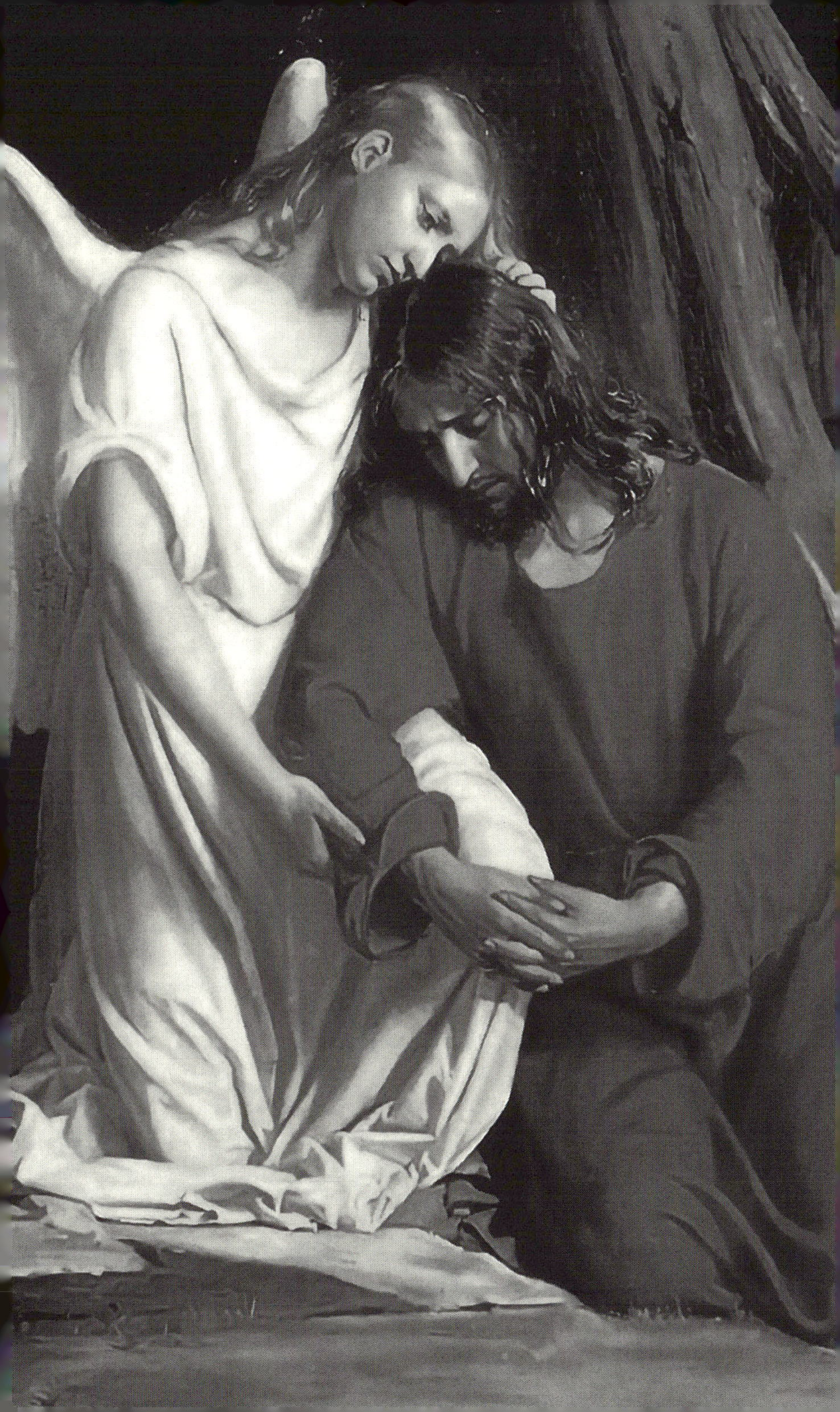

CAPÍTULO 4

UM COMPANHEIRO
PARA TODA A VIDA

"Eis que eu envio um anjo para que te guarde no caminho e te faça entrar na terra que tenho preparado para ti..."
(Ex 23, 20)

Uma das imagens mais vistas no mundo a respeito do Anjo da Guarda, é aquela em que um anjo protege duas criancinhas que estão atravessando uma ponte. Com suas mãos parece quase tocar nos ombros dos pequeninos e com suas asas aparenta querer equilibrar a pequena ponte pênsil aonde as crianças caminham.

A arte possui em si mesma a capacidade de trazer para fora o que a alma percebe. Ao olharmos para essa imagem, que a imaginação infantil nos inculcou, vemos um ser alado com rosto delicado e com as bochechas rosadas com a cabeça inclinada para o lado.

Outras vezes, vemos também artes que representam a realidade do guardião celeste, em pé, ao lado de um berço ou de uma cama a guardar durante a noite o sono de seu protegido. Seja esta, bem como a outra, realmente condiz com a realidade? É mesmo assim que os anjos agem em nosso favor? E por que quando se fala sobre os nossos protetores celestiais sempre os ligamos a realidade da infância?

De fato, se você estiver atento, a realidade do Anjo da Guarda muitas vezes foi esquecida porque com o alvorecer das artes barrocas e renascentistas, a imaginação coletiva atribuiu aos espíritos celestes a aparência de seres delicados, frágeis e até sem uma expressão que passasse segurança.

Até mesmo a visão geral de anjos que encontramos nas nossas catedrais com aspecto de bebês com asas que ao invés de nos comunicar seu poder e glória, nos comunica muito mais a impressão que estamos sendo vistos por pequeninos que mais que nos proteger necessitam de colo.

Evidentemente essas imagens não condizem com a verdade sobre os anjos de Deus. O Senhor não colocaria um ser tão frágil e pequeno para lhe conduzir no caminho ao longo da vida. A este respeito vale salientar a crítica a arte renascentista de um modo particular àquela barroca, da parte do mundo do cristianismo oriental em relação à deturpação próprio conceito da arte da parte de muitos artistas ocidentais[38].

Ora a arte por si mesma tem por missão de demonstrar através de símbolos e comunicar algo que está além da simples linguagem. O que acontece em relação às imagens dos anjos é que ouve uma relativização e até mesmo um reducionismo da missão específica dos seres celestes.

O que encontramos muitas vezes em relação aos anjos é que suas representações, que não comunicam a presença ativa e real dos seres celestes ao inter-

---

38 Cfr. Oppo, A. *Prospettiva inversa, il senso dell´icona Russa,* p. 11.

no da liturgia e da vida da Igreja, mas, a maioria das imagens nos passa uma sensação que estes estão ali somente para preencher as lacunas e vazios das artes. Mas, nem sempre foi assim.

Desde os primeiros séculos do cristianismo, os anjos foram sempre relacionados à figura de Cristo e de eventos ligados à salvação. Em nenhum momento, seja na pregação apostólica, bem como nos ensinamentos dos padres e até mesmo nas primeiras pinturas representativas deles, estes eram representados com as características acima criticadas por mim.

A esse respeito, podemos observar que, nos primeiros séculos de nossa história cristã, os anjos sempre foram representados como figuras adultas, viris e com uma missão específica. Uma das imagens mais antigas que foi encontrada a respeito da representação dos anjos na iconografia cristã, encontra-se nas catacumbas de Santa Priscila em Roma.

Essa imagem, pintada pelos primeiros cristãos, é a mais antiga encontrada até agora. Datada do II-III século d.C., a presente pintura retrata o momento da anunciação. Veja que a Virgem Maria está sentada em uma espécie de cátedra como uma rainha. O anjo está de pé e apontando o dedo em direção a Maria e lhe anuncia a concepção do seu filho[39].

---

39 Cfr. AHLQVIST, A. *Maria, madre di Cristo, e altre madri presenti nell'arte funeraria paleocristiana*, p. 10.

Anunciação. Catacumbas de Santa Priscila, Roma

Gabriel aqui não possui asas (áptero), uma vez que nos primeiros séculos do cristianismo, não eram representados como seres alados. Veja que o Arcanjo conversa com a Virgem quase na mesma altura, isso para representar o encontro entre duas criaturas distintas, mas que possuem a mesma dignidade diante de Deus.

Nesse sentido, podemos dizer que o Arcanjo Gabriel, que é o anunciador da encarnação, também exerceu o papel de Anjo da Guarda na vida da Sagrada Família, uma vez que anuncia a Maria (Lc 1, 26) e aparece em sonho a José (Mt 1, 20-25). O mesmo anjo avisa em sonho que Herodes deseja matar o menino e orienta o carpinteiro de Nazaré a fugir para o Egito (Mt 2, 13-16). É o mesmo Gabriel que avisa José sobre a morte do tirano e lhe diz para voltar para sua terra (Mt 2, 19-23).

Entendo que, ao debruçar sobre os escritos dos grandes teólogos, da própria história da revelação dos anjos enquanto guardiões, e até mesmo sobre a natureza angélica, chego a uma conclusão: me parece que o mal de alguma forma quis esconder-nos a eficácia e a força que o anjo enviado por Deus possui em nossa vida e de quem amamos.

Antes de prosseguir com as próximas páginas, desejo exortar-te a continuar a leitura deste livro para o que será revelado aqui a respeito do mistério do ministério angélico sobre a tua vida.

Tenho certeza que se conseguirmos nos libertar, da superficialidade pelo qual o culto aos anjos, bem como a veneração que ao longo dos últimos anos, nos foi apresentado, pode ter a certeza que o seu modo de orar, de enfrentar batalhas espirituais e até mesmo de enfrentar a concretude da vida, irá mudar.

Foi Nosso Senhor Jesus Cristo que nos ensinou, em primeiro lugar, a respeito do ofício e a missão dos Anjos da Guarda. O Filho de Deus, ao exortar seus discípulos, irá dizer que os anjos das crianças que ali estão presentes, contemplam a face de Deus e que, portanto, se deve estar muito atento para não ferir a pureza e a integridade daquela criança, porque é como se você estivesse fazendo ao anjo pelo qual a ela foi confiado por Deus.

Assim diz Jesus:

> *"Vede, não desprezeis algum destes pequeninos, porque eu vos digo que os seus anjos nos céus sempre vêem a face de meu Pai." (Mt 18, 10)*

No ensinamento de Jesus, nesse texto, vemos dois momentos importantes. Em um primeiro momento, portanto, o que vemos é a presença de um guardião que sobe e desce as escadarias da sala do trono para poder falar com Deus a nosso respeito. Um segundo momento, à luz do que nos ensina Jesus implicitamente, é que o anjo das crianças está ali para lhe defender.

É como se o Senhor dissesse, se você mexer com esta criança você estará mexendo com o seu anjo. Ora, a pergunta que surge é: que relacionamento é esse que uma criatura oriunda dos lugares celestiais exerce sobre a nossa vida desde a nossa tenra idade? E, à luz do que já lemos até aqui, qual relação existe entre o guardião de nossa vida desde a concepção até o fim desta vida terrena?

A primeira oração que aprendemos a respeito do Anjo da Guarda é a oração do Santo Anjo do Senhor. Assim sendo, para que você possa entender a profundidade teológica sobre nossos irmãos do Céu, lhe apresentarei a profundidade que tal oração possui[40].

Santo Anjo do Senhor

Penso que a este ponto da nossa leitura, entendemos que os anjos pertencem a Deus, no sentido que a sua origem e causa reside no Todo-Poderoso. Portanto, a primeira lição que tiramos a respeito desta parte da oração é que o anjo a mim confiado não é meu, isto é, Ele não é uma propriedade minha e nem mesmo um empregado que deve cumprir as minhas ordens ao meu bem querer.

---

40 A oração do Santo anjo para os católicos ocidentais, tornou-se uma referência em como orar ao Anjo da Guarda. Ela é composta pelo seguinte texto: *"Santo Anjo do Senhor, meu zeloso guardador, se a ti me confiou a piedade divina, sempre me rege, me guarde, me protege e me ilumina, amém"*.

Existe um propósito, um projeto escondido no mistério do amor divino e que se manifesta na presença constante e perene do teu guardião celeste. Portanto, o que devemos entender em tudo isso é que, antes de ser nosso anjo no sentido de amizade, fraternidade e familiaridade, ele é totalmente do Senhor. Súditos obedientes e adoradores de fogo, os santos anjos da guarda participam da santidade divina uma vez que, assim como dissemos, contemplam a face de Deus e vivem já a bem aventurança da vida eterna, na presença de seu Criador[41].

Essa santidade pela qual os anjos carregam em si mesmos, está justamente vinculada à comunhão plena que estes nossos irmãos possuem com o Senhor. Os anjos, assim como os santos do Céu, possuem uma relação e intimidade com Deus que não podemos imaginar. Uma vez que criados à imagem do Deus invisível, os anjos, assim como nós, são chamados a se relacionar com todos os seres racionais espirituais e corpóreos, a saber, seres celestes e os seres humanos.

Assim sendo, esses seres puros e santos, carregam em si naturalmente o dom de amar e de se doarem generosamente a Deus e aos outros espíritos celestes, seus irmãos. E não somente aos seus pares, mas também a nós, que mesmo sendo de naturezas distintas, nós possuímos algo em comum, que é a dimensão espiritual. Chama-me a atenção o que diz To-

---

41 Cfr. FERRETI, A. *Os Santos Anjos da Guarda*, p. 6.

más de Aquino quando ao ser questionado se os anjos amam seus semelhantes, ele afirma que sim uma vez que, por serem criados por Deus, que é amor, são capazes de exercer o amor também para com os outros anjos e consequentemente por nós[42].

Que profundo isso, não é mesmo? Com certeza você já sabia que o teu guardião te amava, mas ler algo explícito assim, muda toda a nossa visão.

O amor a Deus sobre todas as coisas é vivenciado pelos anjos no Céu. O mesmo mandamento que nosso Senhor deu aos seus discípulos de amarem uns aos outros, é reflexo do amor entre os anjos. Vou te dar um exemplo claro para que não fiquemos simplesmente na argumentação. Eu não te conheço pessoalmente. Espero, porém, que este dia chegue.

O meu Anjo da Guarda conhece o teu, desde o dia da criação. Este não é um conhecimento como que de coleguismo. Eles são amigos e irmãos de batalhas. Eles lutaram juntos no Céu e estão pautados em poder guardar os filhos do Altíssimo que somos nós.

A vivência entre eles, em querer o melhor para nós, reflete a santidade de Deus que habita neles. Mesmo caminhando conosco neste mundo, eles nunca deixaram de estar em comunhão com o Senhor. A esse propósito, o que podemos afirmar é que, se amando uns aos outros à luz de como Cristo nos ama,

---

42 Cfr. São Tomás de Aquino *Summa Theologica II*, Q. 60, Art.4, p. 210-211.

eles se dão como um dom precioso para cada irmão que faz parte da família de Deus. Assim sendo, a santidade desses irmãos se manifesta ainda mais.

Por que estou dizendo isso? Porque, para nós católicos, a santidade não é uma dimensão separada da realidade do mundo e nem uma exclusividade como se pensava no antigo testamento.

O grande El Shaday, o Santo dos Santos, mesmo sendo inacessível como nos ensinará a teologia negativa, quis se manifestar. Ele se manifestou amando através da criação e esse amor transbordou em plenitude na encarnação do Verbo e no mistério da redenção.

Ora, então olhemos para o ensinamento e vivência que Cristo nos deixou. Sendo de natureza divina, isto é, Deus não olhou para a sua igualdade, mas viveu o processo da *kenosis,* esvaziando a Si mesmo e vindo buscar os que estavam perdidos (Fl 2, 6-10).

Jesus se misturou a nós pecadores, mesmo não cometendo pecado. Comeu com os piores de seu tempo e foi difamado por isso. No fim de tudo, entregou-se naquela cruz por nós que outrora éramos prisioneiros da morte. Visitou-nos em nossa miséria e assumiu nossa natureza e nossa vida por amor. Esse é o Deus Santo a quem os Serafins proclamam sua santidade dia e noite (Is 6, 1-5).

Se a Segunda Pessoa da Santíssima Trindade, que é o Santo e por meio dele tudo se santifica, por meio do Espírito Santo, nos busca desde a queda de Adão, por que os anjos teriam dificuldade de estar conosco? De fato, para os padres da Igreja, a santidade está em deixar-se ser assumido por Deus no mistério da redenção. Esta assunção os padres da Igreja chamou de Theosis, ou divinização, que significa literalmente, ser assumidos por Deus e participar de sua vida[43].

Uma vez que, por vontade divina, O Filho de Deus se fez um de nós, já não existe distância entre Céu e Terra. O Deus que habita os seus, habita teu coração e caminha contigo. E a presença do Anjo da Guarda se torna real e verdadeira, porque, ao caminhar contigo neste vale de lágrimas, o nosso Irmão celeste já está na glória, portanto, sua presença santa, traz o Céu no cotidiano de labuta de nossa existência.

Ser santo não é sinônimo de alguém desconectado do mundo. Ao contrário, santidade é sinônimo de amar e dar a vida pelo outro. Para Tomás de Aquino, santidade é uma virtude, isto é, um ato concreto de amor para com Deus e para o próximo. Não podemos crescer espiritualmente se não nos doamos ao outro que é a imagem de Deus[44].

Sendo que, então, o nosso anjo é santo e podemos a este ponto dizer que sua bem-aventurança está no fato que ele descobriu em sua essência a beleza de

---

43 Cfr. ORIGENES. *Contra Celsum* 3, 28; SC 136, p. 68.
44 Cfr. SÃO TOMÁS DE AQUINO. *Suma Teológica* II- II Q.81, art 8.

ser totalmente de Deus e de seus irmãos anjos e homens sem deixar de ser si mesmo.

Ao percebermos isso, tomamos então a consciência de saber que o anjo que participa da santidade de Deus que é a fonte desta, desceu aqui para lhe ensinar sobre como crescer espiritualmente e deixar com que Deus te encontre. Como um mestre, nosso anjo nos ensina por meio da sua vida, o que de fato é pertencer a Deus e ser totalmente dele. Ele é o Santo Anjo do Senhor, porque saiu da presença e da convivência d'Aquele da qual é fonte de eternidade, plenitude de vida e felicidade!

Em poucas palavras, o nosso anjo é reflexo da santidade divina e, ao mesmo tempo, a lembrança constante que, mesmo caminhando nesta terra de dor e alegrias, nossa alma e coração precisam estar dentro de Deus!

Só Deus é Santo. Não há outro além Dele e essa foi a fé dos patriarcas. Em Jesus Cristo, anjos e homens encontram a fonte de toda santidade[45]. Sendo assim, ao pensarmos em nosso anjo guardião temos que entender algo muito importante, antes de ser teu anjo, ele pertence ao Senhor. A esse respeito, Santo Agostinho no ensina:

> *"São chamados nossos anjos os que são anjos de Deus. São Anjos de Deus, porque não se separam d'Ele, e nossos porque começaram a ter-nos por concidadãos seus; con-*

---

45 Cfr. CONSTITUIÇÃO DOGMÁTICA. *Lumen Gentium*, p. 40.

sequentemente assim como eles vêem a Deus, também nós vê-lo-emos face a face. Diz João sobre esta visão: Porque o veremos como Ele é." (1Jo 3, 2) [46]

Perceba o que nos ensina Agostinho. Os anjos são de Deus porque, mesmo estando presentes em nossas vidas aqui na Terra, nosso companheiro celeste, em sua essência, está ligado inseparavelmente ao seu Criador. Mesmo que ainda nós, nesta terra, não consigamos ver a Deus em sua plenitude, temos alguém que dialoga e fala com o Senhor a nosso respeito, a cada segundo de tempo.

Criados por Ele e para Ele, os nossos anjos agora também desejam em Deus ser também de alguma forma nossos e, portanto, por isso posso dizer que tenho um anjo vindo do Céu sobre a minha vida!

Zeloso Guardião

"Não deixará jamais teu pé tropeçar, o teu guarda jamais dormirá! Sim não dorme e nem cochila o guarda de Israel. O Senhor é o teu guarda e tua sombra, o Senhor está a tua direita. De dia o sol não te ferirá nem a lua da noite. O Senhor te guarda de todo o mal. Ele guarda a tua vida... desde agora e para sempre" Sl 123, 3-8.

Muitos, no passado, se perguntaram o porquê da necessidade de um Anjo da Guarda. Alguns teólogos modernos ousaram dizer que a realidade da proteção angélica não é real, pelo simples fato que é Deus

---

46 AGOSTINHO. *De Civitate Dei*, p. 22, 29.

que nos guarda e conduz o mundo por meio da sua providência.

Aparentemente, em um primeiro momento, seus raciocínios são lógicos. Mas a lógica humana não basta em si mesma, se esta não for confirmada pela revelação divina, pelas escrituras pela tradição ao longo da história.

Ora, o que vemos desde o início da história de salvação é que, nos momentos mais importantes em que a humanidade vivenciou em sua existência, os anjos estiveram lá. Portanto, sim, Deus é o nosso guarda por excelência. É Ele em pessoa que nos protege e conduz.

Porém, os santos anjos da guarda são ministros, seres pessoais, singulares e membros da família celeste, que, por vontade do próprio Deus, foram enviados para nos proteger e guardar-nos no caminho da vida.

Mesmo sendo eles nomeados e enviados como nossos guardiões, é Deus, ao fim de tudo, que nos protege através deles, uma vez que, como dissemos a respeito do que Agostinho afirma, esses nossos irmãos estão intimamente unidos a Deus. Portanto, a força, a iluminação e até mesmo os talentos e poder, tudo isso é graça de Deus sobre o anjo que, por sua vez, se comunica a nós.

Neste sentido, desejo salientar algo muito importante: Antes de ser nosso guardião o anjo é guardado por Deus. Ele participa da vida do Guarda de Israel que não dorme como diz o Salmo. Tudo o que os anjos vivenciam em suas vidas e realizam, só é possível se Deus os assiste com sua graça assim como nós. Ora, se não fosse a graça divina, não estaríamos de pé e nem mesmo vivos, se a força do alto não nos sustentasse!

De fato, o Senhor em sua soberania, é Aquele que é a garantia da sua criação e, portanto, com suas mãos sustenta toda realidade criada. Anjos e homens, portanto estão debaixo da proteção e do olhar atento do Altíssimo. Talvez, em nossa mente, tenha passado despercebido que em tudo aquilo que somos e realizamos, se esconde o mistério da proteção divina e da Sua ternura que nos acompanha em todos os momentos.

Os anjos de Deus, em suas essências, carregam em si mesmos a total submissão e dependência ao seu criador. A vida angélica não teria sentido algum se essa não fosse atrelada e ligada à verdadeira vida que procede de Deus. Neste sentido, podemos dizer que os seres celestes, são mais poderosos e superiores a nós em natureza, mas diante de Deus, possuem o mesmo grau de dignidade que nós, uma vez que estes também tiveram início em sua vida e são criaturas, e, desde o princípio, são chamados a entrarem em comunhão com o Senhor[47].

---

[47] "Portanto os anjos tiveram uma causa primeira, isto é: um início, bem como também nós seres humanos o tivemos. Somen-

Esses mesmos irmãos celestiais, a qual são também sustentados pela graça e contemplam a presença do Autor da vida, foram enviados diretamente do trono do Senhor para nos guardar e ser em nosso percurso desta peregrinação terrena, a manifestação do amor cuidadoso de Deus por nós.

Deus se manifesta em suas criaturas. Sempre será o Senhor a cuidar de nós. Sempre será Ele a nos conduzir e iluminar nosso caminho. Mas, sendo que somos criados à sua imagem e semelhança, temos, por essência, em nossa existência de não caminharmos e andarmos sozinhos, uma vez que somos chamados à relação com os seres racionais, sejam eles homens e anjos.

A proteção de um anjo em sua vida é a manifestação concreta, discreta e real de um Deus que se ocupa de nós e deseja o nosso bem[48]. Mas, como assim Deus cuida de nós através da proteção do Anjo da Guarda?

---

te Deus é eterno, sem causa, princípio e fim. Entretanto Ele, em sua perfeição, antes da criação do mundo, chamou a existência estes seres celestiais superiores em perfeição a nós. Quando falamos desse princípio, me refiro a doutrina cristã que entende Deus como Aquele que, chamou a existência tudo o que não existia antes. Foi simplesmente por sua vontade e Amor que toda a criação veio existir. Sem Ele nada poderia ser" Brito, R. *O segredo dos Anjos*, p. 46.

48 Cfr. Spirito, G. *L´essenziale é invisibile agli ochi – Gli Angeli nella tradizione francescane*, p. 7.

Ora, usemos o exemplo da nossa vida humana. Sabemos que quem nos criou foi o Senhor. Sabemos também que é ele que nos sustenta. Não temos dúvidas a respeito disso. Porém, o mesmo Deus que te criou para a vida e relação para com os outros, também colocou pessoas ao nosso lado para nos guardar, nos conduzir e nos educar.

Os primeiros enviados por Deus para nos guardar são nossos pais e pessoas que assumiram nossa vida. Depois, ao longo da infância, encontraremos para o nosso desenvolvimento os educadores, os pastores e os ministros do Senhor que nos conduzirá à maturidade. Encontramos, ao longo do desenvolvimento humano, amigos, irmãos e pessoas que se importam realmente conosco.

O simples comer, beber e deita-se. O simples fato de o sol brilhar lá fora e a lua dar o ritmo das marés, esconde, em todo este mistério, o cuidado e o olhar silencioso do Criador que continua a nos sustentar. Se o Pai te dá o alimento físico não te daria ele a proteção e o alimento espiritual? Mas, é claro que sim.

A respeito das pequenas coisas e do processo humano ao longo da vida, me vem em mente o que Santo Agostinho, em sua obra *Confissões* escreveu desse delicado e meticuloso cuidado de Deus. Veja o que o bispo de Hipona escreveu:

"Que pretendo dizer, Senhor meu Deus, senão que não sei de onde vim para cá, para esta vida mortal, ou antes, para esta morte vital? Não sei. Mas fui acolhido pelas consolações de tua misericórdia; assim me disseram meus pais: de um me tiraste e de outro me formaste no tempo; eu de fato não me lembro. Acolheram-me, então, as doçuras do leite humano; mas não eram minha mãe nem minhas amas que enchiam os seus seios. Eras tu, Senhor, que me davas por meio delas o alimento da infância, segundo o plano pelo qual dispuseste todas as riquezas até o mais profundo das coisas. Fazias também com que eu não desejasse mais do que me davas, e às minhas amas que não me quisessem dar senão o que lhes concedias: movidas por afeição desordenada, davam-me aquilo de que tinham em abundância, graças a ti. O bem, delas recebido, era para elas igualmente um bem, do qual não eram elas a origem, mas intermediárias dele; porque de ti, ó Deus, me vêm todos os bens, e do meu Deus toda a minha salvação!"

Veja que maravilhoso este mistério! Sua mãe te alimentou, mas, na verdade, era o Senhor através dela que te nutria. Ela te embalou em seus braços e te ensinou a dar os primeiros passos, mas era o Senhor que através dela te ensinava a caminhar.

Do mesmo modo também é o amor de Deus que está por detrás do auxílio e da guarda angélica. Teu Anjo da Guarda, que na verdade é de Deus, é, portanto, embaixador deste amor e ternura. Ele é a expressão da força divina capaz de colocar os fracos de pé (Dn 10, 10). Tens um ajo da guarda porque és precioso aos olhos do Senhor.

A primeira menção bíblica sobre o mistério da guarda dos anjos está presente na narrativa da expulsão de Adão e Eva do paraíso. A palavra nos diz que foi colocado na entrada do Paraíso dois querubins com uma espada de fogo a guardar essa porta, de modo que ninguém poderia entrar (Gn 3, 24).

Ora, só se guarda o que é precioso e somente se protege aquilo ou aquele que possui um grande valor. O que é o paraíso senão o lugar onde Deus habita e se relaciona conosco? Por que então uma guarda especifica para ti? Simplesmente porque em ti determinou o Senhor habitar e, portanto, os anjos são guardiões de nossas almas capazes de ser habitação da Santíssima Trindade. Logo, existe em ti uma fagulha do Céu, porque és reflexo da glória de Deus. Todo esse cuidado. Toda ternura e carinho da parte de Deus tem um único objetivo: nos salvar e nos levar de volta para casa, para estar com Ele para sempre[49].

Esse cuidado é independente de que acredites ou não. O mistério da guarda dos anjos independe de nós, porque esse ministério é dado diretamente por Deus aos seres celestiais. Talvez você esteja conhecendo melhor o mistério do Anjo da Guarda através de este livro. Mas, o fato de não ter a plena consciência da presença constante do teu anjo, não significa que eles deixaram de te guardar.

Lembro-me do que, certa vez, escreveu Robert Ombres. Ele compara a proteção dos anjos a uma metáfora. Por exemplo, os leões que vivem em uma área de proteção ambiental, dependem da ação e da

---

49 Cfr. FERRETI, A. *Os Santos Anjos da Guarda*, p. 21.

proteção dos guardas ambientais daquele lugar, contra os caçadores perversos que contrabandeiam suas peles. Ora, independente dos leões saberem ou não, são protegidos do mesmo jeito[50].

Assim sendo ao longo da nossa vida, podemos caminhar na ignorância. Porém acredito eu, que pelo fato de você ter se interessado em saber mais sobre o teu companheiro do céu, já demonstra que demos um grande passo e que cresceremos em conhecimento e intimidade com estes maravilhosos seres de Deus.

Tenha a certeza que Deus te ama. Se, por algum momento, você duvidou dessa verdade, acolha então através do Enviado diretamente do trono de Deus para lhe conduzir e permanecer contigo. Por meio do teu anjo, o Senhor simplesmente está lhe dizendo: eu nunca vou te abandonar! Vou te acompanhar em todas as tuas estradas. Farei com que minha proteção e cuidado estejam sobre a tua vida para que saibas que, apesar dos percalços e tropeços ao longo do caminho, poderás sempre contar com o auxílio dos teus irmãos celestiais.

A proteção dos seres espirituais na vida dos homens é atestada desde o início da humanidade. Praticamente em todas as religiões existe a noção de que espíritos guardiões protegem os seus. Talvez isso se deva a uma realidade ontológica do homem: não

---

[50] Cfr. OMBRES R. *Gods, Angels and Us*, New Blackfriars, 2005, p. 54.

nascemos para a solidão. Somos seres relacionais, que necessitamos da presença de pessoas ou de alguém para nos comunicar e caminhar juntos.

Esta realidade intrínseca do ser humano, de buscar sempre a relação de amizade com os seus pares no mundo visível, também se dá na realidade invisível. Assim como na Terra temos pessoas a quem podemos contar em nossas necessidades, assim também na realidade espiritual podemos sempre contar com a companhia e presença dos nossos irmãos da Pátria celeste, que conosco formam a cidade de Deus[51].

O que nos resta depois de saber tão grande mistério? Antes de tudo, ter um coração agradecido a Deus por tamanha delicadeza e cuidado para conosco. O mesmo Deus que cuida dos detalhes de não deixar um fio de cabelo cair sem seu consentimento (Lc 12, 7), se dignou a dar-nos a companhia celestial ainda vivendo neste mundo.

Por outro lado, com o coração grato a Deus, devemos amar a este precioso dom em nossas vidas de ter alguém fiel e amigo que não nos abandona jamais. Amá-lo é o fim último da nossa relação com nosso anjo. Mais do que pedir, exigir dele, o que temos que de verdade fazer é tomar a firme decisão de deixar-nos ser conduzidos e guardados por ele.

---

51 Cfr. AGOSTINHO. *Comentário ao Salmo* 123.

O grande Bernardo de Claraval, nos exorta a respeito de como devemos diante de tão grande mistério, nos comportar com nosso amigo celeste. Assim se exprime o doutor da Igreja:

> *"Portanto, irmãos, amemos n'Ele os seus Anjos como futuros herdeiros conosco e agora advogados e protetores que o Pai designou e colocou ao nosso lado. Agora já somos filhos de Deus, embora não se manifeste ainda o que havemos de ser com Ele na glória; somos filhos de menoridade, ainda sob a proteção de advogados e tutores, como se em nada nos distinguíssemos dos servos."*[52]

Para Bernardo de Claraval, o anjo nos acompanha como os tutores dos filhos dos reis de antigamente. Eles, além de estarem prontos a nos ensinar sobre o caminho que se deve ser percorrido, também nos ajudam a termos uma maior intimidade com o Senhor. A sua proteção também está ligada ao combate espiritual. Isso significa que nosso anjo enfrenta batalhas por nós e está disposto a dedicar todas as suas forças para o nosso bem.

Assim sendo, Como irmãos mais velhos que cuidam de seus pequeninos, o anjo assim nos conduzirá e nos protegerá sob as suas asas. O amor é a manifestação maior de que tem um coração generoso e agradecido. Quem reconhece o amor dado, muito ama (Lc 7, 47). Portanto, ao sermos protegidos por nossos irmãos celestes, reconhecemos que nós somos a meta da missão desses.

---

[52] BERNARDO DE CLARAVAL. *Sermo 12 in psalmum Qui habita*t, 3.6-8, p. 458-462.

Ao contemplarmos o mistério da proteção deles, vemos a grandeza de Deus que se manifesta no agir poderoso do nosso irmão celeste. Em contrapartida, o anjo, ao olhar para ti contempla o mistério que Deus quis imprimir em tua essência que é de ser Seu reflexo na Terra. Ambos, homens e anjos, possuem a dignidade de entrar na presença do Senhor.

Cheio de Poder e Autoridade

"Se escutares a sua voz, então serei inimigo dos teus inimigos e adversário dos teus adversários, e o meu anjo irá adiante de ti." (Ex 23, 22-23)

Já parou para pensar, qual a imensidão do poder concedido a um anjo? Muito superiores a nós em natureza e perfeição, os seres celestes possuem a graça de contemplar diretamente a Deus independentemente de onde se encontram. Vencedor de demônios e inimigo dos nossos inimigos espirituais, nosso anjo guardião se coloca na linha de frente no combate espiritual.

A falta de consciência a respeito da força que se manifesta através deles, nos fez, ao longo do tempo, esquecer e, até mesmo, subestimar a capacidade que nosso Anjo da Guarda possui contra o mal. Ora, o que temos de entender é que o bem sempre será mais poderoso e eficaz que o mal em si mesmo.

De fato, o mistério da iniquidade faz mais barulho e chama mais atenção do que o da santidade.

O negativo sempre tentará se sobrepor ao positivo, mas sua ação e seu projeto termina em si mesmo sem fruto algum. Assim sendo, o Senhor, em sua infinita Misericórdia, não coloria ao teu lado, alguém que fosse mais fraco que o inimigo. Eu quero, portanto, por meio deste livro chamar a tua atenção a uma verdade de fé: O Anjo da Guarda é mais poderoso que qualquer demônio que se levantará contra a tua vida.

Sobre a superioridade dos anjos bons a respeito daqueles maus, a tradição, bem como as Sagradas Escrituras, nos deixam pistas dessa precedência na guerra espiritual em relação aos nossos anjos, em contrapartida aos demônios que se levantam contra nós.

A natureza do bem é mais forte do que o mal[53]. Logo, o teu Anjo da Guarda, ao ter exercitado a sua vontade em direção ao Bem Supremo que é o próprio Deus, superou aos anjos caídos que, ao deixarem a presença de Deus, jogaram-se no deserto do nada.

Ora, a vida beata, nada mais é do que viver e estar na presença de Deus. Aquele que permanece em Deus, Deus permanece nele (Jo 4, 16). Essa permanência e habitação do Bem no interior das criaturas racionais, torna-se real, a tal ponto, que homens e anjos em estado de graça, carregam em si, não o poder em si, mas a fonte de toda onipotência e majestade ao serem receptáculos e morada divina.

---

53 Cfr. Lossky, W. *La teologia mistica dell'Oriente*, 119.

Nesse sentido, São Serafino de Sarov ao falar dos anjos caídos nos diz:

> *"Como criaturas angélicas esses possuem um imenso poder. O menor entre eles seria capaz de destruir a terra, se a graça divina não os tornassem impotentes diante da criação de Deus que eles tanto odeiam. Eles porém buscam destruir a nós (criaturas) por dentro, inclinando a liberdade humana em direção ao mal."* [54]

Em um primeiro momento, quando lemos a afirmação de Serafino, pode parecer que a afirmação do monge russo seja de demonstrar o poder dos demônios em relação ao mundo criado. Mas, se leres atentamente o ensinamento do Santo de Sarov, o que encontrarás é uma verdade: os demônios são de natureza angélica e que se afastaram de Deus e de seu amor.

Ao mesmo tempo, enquanto criaturas espirituais, os demônios, possuem um imenso poder, capaz de destruir toda a Terra. Mas, por que não o fazem? Ora, até mesmo os demônios se submetem à vontade de Deus e, portanto, seu poder diante da onipotência divina é como um nada diante da grandeza divina. Por outro lado, Serafino, implicitamente, nos informa sobre o que é um anjo. Ele é poderoso a tal ponto de destruir planetas. Preste atenção ainda. A natureza angélica possui um poder imensurável. Agora, já imaginou o poder que o teu anjo possui diante dos outros caídos (demônios)?

---

[54] São Serafino de Sarov. *Rivelazioni*, Parigi, 1932 (Russo)

Os demônios nada são que anjos rebeldes que abandonaram e não acolheram a presença de Deus em suas vidas. Mesmo sendo poderosos, seus poderes não chegam nem perto da força esmagadora do teu Anjo da Guarda que está unido a Deus!

Enquanto Lúcifer e seus demônios lutam contra nós buscando a nossa perdição, os anjos de Deus, que são a maioria, combatem a nosso favor e nos defende debaixo de suas asas. Um Anjo da Guarda sozinho seria capaz de enfrentar exércitos imensos de demônios, simplesmente porque ele não vai com a sua própria força, mas com o auxílio do Todo-Poderoso que se manifesta e habita nele.

Ao fim de tudo, quem luta não é seu anjo simplesmente, mas Deus nele dando-lhe todas as ferramentas necessárias para vencer qualquer mal em vista do teu bem. Existe um mistério na intercessão dos santos aos quais os anjos também se incluem. Ao rezarem, ao intercederem, anjos e homens se colocam na presença de Deus. O ser inferior se refugia debaixo do Todo-Poderoso, e pede Sua intervenção em favor de quem ama.

O Anjo nada mais faz do que pedir incessantemente a Deus que através de sua vida e por intermédio do seu amor por nós, se manifeste e nos socorra vindo em nosso auxílio sem demora. A respeito do poder da oração, as Sagradas Escrituras já nos atestaram como é eficaz, capaz de afugentar espíritos malignos e curar os enfermos no Nome do Senhor. Por isso, Crisóstomo nos ensina que a oração é o maior poder que podemos possuir, uma vez que não usamos as nossas forças, mas aquela de Deus[55].

Para vencer batalhas e enfrentar forças espirituais hostis, é necessário que estejamos unidos e em comunhão com Deus, com nossos irmãos e com nossos anjos. Nenhuma oração haverá eficácia verdadeira se não estivermos dispostos a nos reconciliar. Uma vez que aprendemos a caminhar com o Céu, isto é, reconhecendo o cuidado celeste em nossas vidas, nada poderá te parar diante do propósito. E, quando cansares e desanimares no percurso, o anjo te levará em seus braços.

Na tradição franciscana, existe a dimensão de reconhecimento da presença familiar e verdadeira do anjo junto a nós. Um exemplo a esse respeito, encontra-se na homilia de Santo Antônio de Pádova sobre a reconciliação. Assim escreve o grande santo e doutor da Igreja:

> *"Se estiveres para apresentar tua oferta e te recordares que o teu irmão tem algo contra ti, deixa a tua oferta e vai se reconciliar com o teu irmão (Mt 5, 23-24). Irmão nosso é cada próximo a nós: Cristo, o Anjo da Guarda, o irmão e o nosso espírito. Se ofereces o dom da esmola aos pobres e ali te recordares do teu irmão, sito é o teu anjo que desde o momento da criação te foi concedido por meio da graça de Deus, para te levar ao céu, e tiver ele alguma coisa contra ti, porque não escutastes a sua voz e desobedecido os seus*

---

[55] Cfr. Giovanni Crisostommo. *Dell'Uguaglianza del Padre*, SC. 396, p. 158-162.

comandos, reconcilia-te com ele e assim a tua oferta será aceita por Deus."[56]

O ensinamento de Santo Antônio é claro. Só vencemos batalhas quando estamos em paz com Deus, com nosso Anjo, com o próximo e conosco.

À luz deste ensinamento franciscano, recordo-me de uma experiência que fiz quando estava em Roma. Um sacerdote me enviou uma senhora para dialogar, porque não sabia mais o que fazer com esta sua paroquiana, que ia de exorcista em exorcista. A senhora tudo dava a culpa aos demônios e atribuía seus problemas às maldições lançadas sobre sua vida. Fazia mais de quatorze anos que ela passava por rituais de exorcismos e não surtira efeito. Eu, como leigo, não posso e não devo realizar exorcismos, uma vez que, para nós católicos, este ministério é designado ao sacerdote por mandato do bispo. Mas, como missionário, pude dialogar com a senhora.

E, ao longo do diálogo, interpelei-a a respeito do seu relacionamento com a mãe de seu esposo. Ela, por sua vez, disse-me que fazia mais de quinze anos que não conversava com sua sogra e nem mesmo deixava seu marido falar com sua mãe, que, naquele momento, estava internada com câncer em um hospital fazia mais de três meses, nem ela e nem seu esposo (filho), fora visitá-la e se reconciliar.

---

56 Santo Antonio de Padova. *Sermoni*, 14, p. 507-508.

Aqui lhe fiz entender que a fonte de todo mal e de toda ação do maligno em sua vida, não se devia à falta da ação de Deus em sua cotidianidade, mas ao seu coração fechado e duro por não ter misericórdia e compaixão de alguém que simplesmente deu a vida para seu esposo.

A senhora entendeu e deu passos. Não precisaram mais exorcismos, bastou que ela tivesse deixado entrar o amor e o perdão em sua vida. A sua sogra faleceu em seguida e hoje ela segue liberta.

Claramente, esse caso é isolado diante de tantos outros. Mas, quero, por meio desse exemplo, salientar o quão é importante vivermos uma vida coerente com o que acreditamos. Por isso, o nosso anjo nos exortará, e se preocupará com a nossa salvação e também com o nosso proceder à luz dos ensinamentos de Jesus. O perdão é o maior exorcismo que alguém, pode fazer a si mesmo. Não existe mau algum que resista à força do Bem e do Amor.

O nosso anjo é um intercessor incansável. Ele nunca deixará de falar de ti para Deus. Guerreiro, vencedor de grandes guerras e batalhas, ele lutará a teu favor. Será teu guardião na provação e companhia nesta tua peregrinação terrena. Jamais sairá de perto de ti, porque a ele foi ordenado que te conduza em todos os caminhos e te leve até Deus.

Não tenhamos medo de pedir, no momento da tentação e da luta espiritual, o auxílio destes irmãos fiéis que estão atentos e disponíveis a nos proteger com suas asas e escudos, e nos defender com suas espadas de fogo.

Por fim, fiquemos com as palavras de São Bernardo que nos ensina a confiança em nossos anjos da guarda na provação:

> *"Mas, apesar de sermos como crianças e de nos faltar ainda um caminho tão longo e tão perigoso, que havemos de temer sob o patrocínio de tão excelsos custódios? Não podem ser vencidos nem enganados e muito menos enganar-nos aqueles que nos guardam em todos os nossos caminhos. São fiéis, prudentes, poderosos; por quê recear? Basta segui-los e acolhermo-nos a eles e habitaremos sob a proteção do Deus do Céu."*[57]

Não há o que e a quem temer, quando sabemos que podemos contar com o auxílio de Deus por meio de seus anjos. Se tens passado por problemas, tens se esquecido do grande amor de Deus por ti. Levanta-te. Coloque-te de pé, ainda tens um longo caminho pela frente e o Senhor preparou para ti um lugar e abriu uma porta que ninguém poderá fechar. Segures nas mãos do teu anjo e recomece a rota. Chegarás seguro e protegido!

Oração

Santo Anjo da minha guarda. Tu, que descestes do Céu enviado por Deus para me guardar ao longo

---

[57] BERNARDO DE CLARAVAL. *Sermo 12 in psalmum Qui habita*t, 3.6-8, 458-462.

do caminho. Não me abandones na hora da provação e não me deixes só, quando o meu inimigo mortal me assaltar. Defendei-me com tua espada e escondei-me sob tuas asas. Serei eternamente grato por tudo o que por mim realizas.

    Amém.

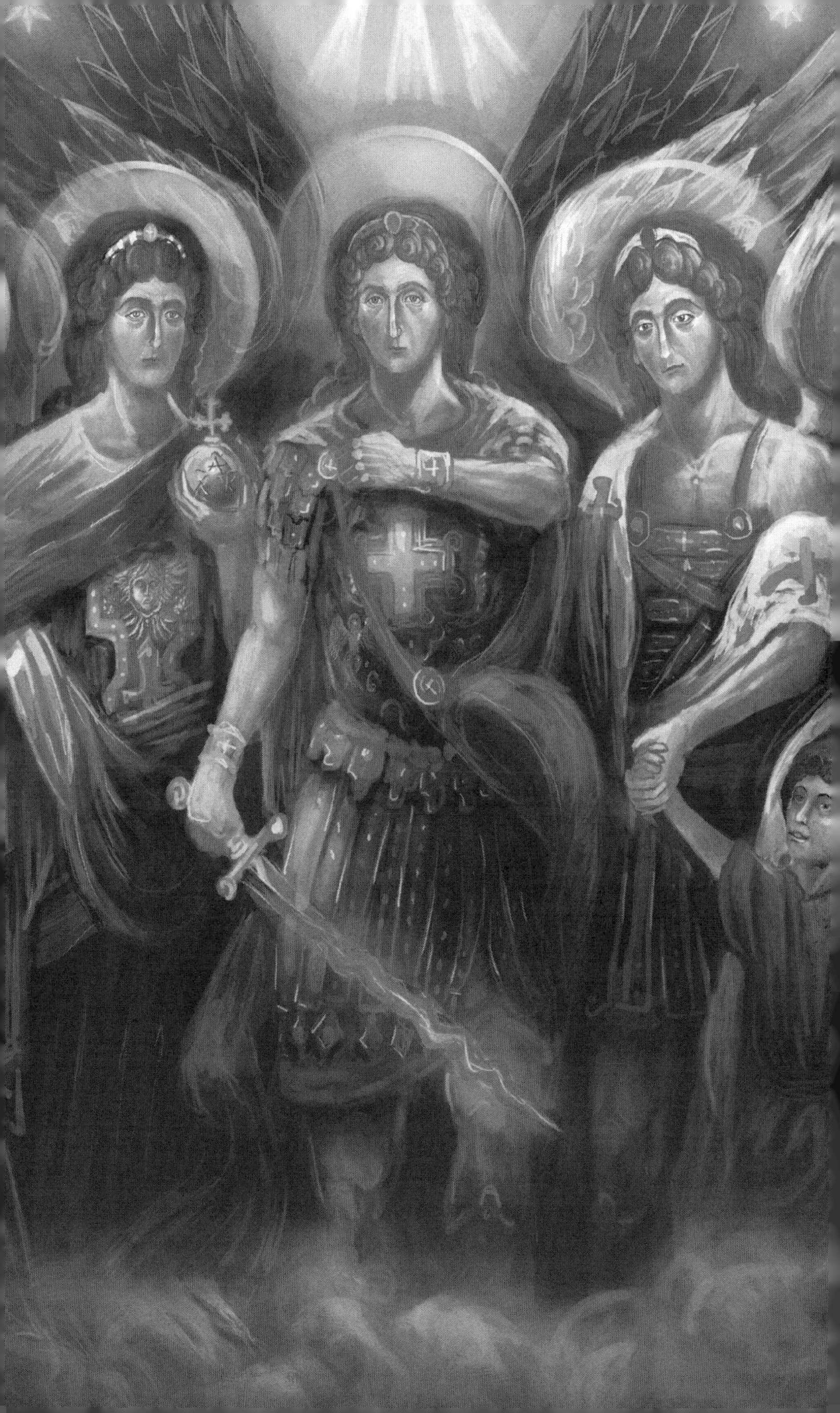

CAPÍTULO 5

SÃO RAFAEL ARCANJO E OS ANJOS DA GUARDA

> *"Naquele instante na glória de Deus, foi ouvida a oração de ambos, e foi enviado Rafael para curar os dois, para tirar as manchas brancas dos olhos de Tobit a fim que visse com seus próprios olhos a luz de Deus, e dar Sara, filha de Raguel, como esposa a Tobias, e livrá-la de Asmodeu o pior dos demônios."*
> *(Tb 3, 16-17)*

O livro deuterocanônico de Tobias, presente no Antigo Testamento em forma literária, nos apresenta a dramática história de um homem justo chamado Tobit e uma jovem donzela chamada Sara.

O livro, em si mesmo, não se preocupa de descrever os acontecimentos históricos cronologicamente, porque seu intuito é revelar ao leitor o cuidado de Deus para aqueles que o invocam.

Se pudermos resumir, em poucas palavras, a mensagem do livro, poderemos afirmar que é a história de três necessitados do auxílio de Deus e que conviveram e foram guardados por Rafael, o arcanjo divino enviado diretamente do trono divino, para responder aos anseios e sanar as dores daqueles filhos amados.

Tobit era um homem justo. No livro, ele narra sua história, dizendo que foi testemunha da divisão das tribos de Israel depois da morte de Salomão em

931 (Tb 1, 4). Com sua tribo foi deportado para uma terra longínqua de seu lar, a saber, a Assíria.

Temente a Deus, caridoso e bom, Tobit foi testemunha de todos os horrores que os estrangeiros judeus vivenciaram em terra estrangeira. Mortes, roubos e abusos faziam parte do cotidiano da vida dos exilados.

Mesmo sendo ameaçado pelos seus opressores, ele não deixava de dar assistência aos pobres e aos mais necessitados. Até que, em um dia de páscoa, pediu ao seu filho para chamar à mesa para comer, um de seus irmãos que fora exilado como ele (Tb 2, 1-5).

Ao mandar seu único filho na praça buscar alguém para que celebrasse a páscoa com eles naquela noite, se deparou com algo terrível: espancaram e torturaram um concidadão seu e jogaram seu corpo na praça. Com todos os perigos que poderia passar, Tobit não hesitou, junto com seu filho Tobias, em recolher o corpo do desconhecido e enterrá-lo à noite.

Sendo fiel ao seu Deus em tudo o que fazia, Tobit não afastou seu coração do seu Deus mesmo diante dos sofrimentos. Um dia aconteceu que, ao descansar perto do muro de sua casa, caíram excrementos de pássaros sobre seus olhos. Ele gastou tudo o que tinha para se curar e não conseguiu um tratamento eficaz. O tempo passou e o velho de Neftali ficou cego (Tb 2, 9-10).

Paralelamente à história desse homem justo e temente a Deus, temos o drama da bela Sara, parente distante de Tobit, que morava em uma terra longínqua na Média. Ela tinha sido dada sete vezes em casamento. Mas, sempre no momento das núpcias, o espírito maligno Asmodeu vinha e lhe matava os maridos, a tal ponto que esta era humilhada por sua serva e pelas mulheres de seu povo (Tb 3, 7-15).

Desesperada, Sara, sobe no andar de cima de sua casa com uma corda para se enforcar, porque a angustia era tanta que já não suportava a vida que levava. Ao repensar seu ato, orou com sua alma atribulada ao Senhor. E, naquele momento, Deus enviou o Arcanjo para lhes curar e libertar.

Do outro lado, a quilômetros de distância de onde Sara se encontra, está Tobit. Endividado, passando necessidades e vendo sua fé sendo abalada.

Ele se lembra, então, de que possuía um credito com seu parente Raguel, mas, sendo cego e velho não consegue empreender a viagem e nem mesmo conseguiria guiar seu filho jovem até terras tão distantes e perigosas.

No momento em que este falava com seu filho e, preocupado no seu cotidiano em como daria de comer a sua família, um jovem chamado Azarias aparece na cidade, se coloca à disposição para guiar o jovem Tobias até o lugar (Tb 5, 4-14). Algo muito singular acontece. Quando Tobit pergunta ao jovem quem ele é, este responde: sou um dos vossos irmãos e conheço todo o caminho (Tb 5, 5).

É a primeira vez no Antigo Testamento, que um anjo enviado de Deus diz claramente que é irmão de homens. O final da história talvez você conheça. Tobias é conduzido ao longo do caminho. O Anjo o ajuda a vencer o monstro do rio que tentou matar o jovem Tobias e tirá-lo do seu propósito. Ele conduz o filho de Tobit até o seu destino. Ensina como orar e expulsar o demônio. Dá-lhe a possibilidade de se casar com Sara, liberta a jovem e sua família da opressão do demônio.

Rafael não se contenta simplesmente em levá-lo até à Média, mas o conduz de volta para casa de sua família, casado e com a providência da soma do crédito que seu pai tinha a receber.

Mas, é no final dessa história que ele se revela. O Arcanjo diz:

> *"Vou descobrir-vos a verdade, sem nada vos ocultar. Quando tu oravas com lágrimas e enterravas os mortos, quando deixavas a tua refeição e ias ocultar os mortos em tua casa durante o dia, para sepultá-los quando viesse à noite, eu apresentava as tuas orações ao Senhor. Mas porque eras agradável ao Senhor, foi preciso que a tentação te provasse. Agora o Senhor enviou-me para curar-te e livrar do demônio, Sara, mulher de teu filho. Eu sou o anjo Rafael, um dos sete que assistimos na presença do Senhor. Ao ouvir essas palavras, eles ficaram fora de si e, tremendo, prostraram-se com o rosto por terra. Mas o anjo disse-lhes: 'A paz seja convosco: não temais. Quando eu estava convosco, eu o estava por vontade de Deus: ren-*

> *dei-lhe graças, pois, com cânticos de louvor. Parecia-vos que eu comia e bebia convosco, mas o meu alimento é um manjar invisível e minha bebida não pode ser vista pelos homens. É chegado o tempo de voltar para aquele que me enviou: vós, porém, bendizei a Deus e publicai todas as suas maravilhas'. Acabando de dizer essas palavras, desapareceu diante deles e eles não viram mais nada. Durante três horas permaneceram prostrados por terra, bendizendo a Deus."*

Se prestarmos atenção a estes versículos, veremos, portanto que o Arcanjo Rafael exerceu na vida de ambos o ministério que os Anjos da Guarda exercem cotidianamente. Nossos anjos apresentam a Deus nossas orações. Eles são testemunhas diante do trono de Deus de todas as nossas ações escondidas. E louvam e adoram ao Senhor mesmo caminhando em meio a nós.

O Arcanjo Rafael, de fato, nos demonstra como o nosso Anjo da Guarda se comporta.

Ele é nosso irmão. A Doutora da Igreja, Santa Ildegarda de Bigen, ao falar do mistério do Anjo da Guarda, ousa dizer que eles são nossos irmãos e membros de nossa família:

> *"Desde o momento que Deus estabeleceu que os anjos deveriam nos assistir e guardar, Ele lhes constituiu parte da família humana."* [58]

O que Ildegarda quer dizer? O que a monja alemã afirma por meio desse texto, é que os anjos não

---

58 Ildegarda di Bingen. *Causae et curae*, Tebner, Leipzig 1903, p. 26, 53.

somente são nossos irmãos, mas membros efetivos de nossa família. Por exemplo, faça-se esta pergunta: quantos somos em casa? Se em tua família é constituída de oito pessoas, por exemplo, então na verdade vocês são dezesseis, porque devemos contar o Anjo da Guarda de cada membro de nossa casa. Sim talvez nunca tenhas notado, mas os anjos acampam ao redor daqueles que o temem diz o salmista (Sl 34, 7).

Outra característica que o Arcanjo Rafael revela no texto é que ele não faz nada por si mesmo, e que foi simplesmente a piedade divina que concedeu àquela família a graça de sua proteção. Em nenhum momento, o arcanjo reivindica algum mérito de sua missão para si, mas em tudo louva e ensina os seus protegidos a louvarem e agradecer a Deus.

Por fim, ele declara que precisa voltar para aquele que o envio em missão, demonstrando claramente a sua total submissão e comunhão com Deus.

Ao observar a história do Arcanjo São Rafael e do modo como ele conduziu Tobias e garantiu sua segurança ao longo do caminho, muitos atribuíram a esse Arcanjo a liderança e chefe de todos os Anjos da Guarda[59].

São Rafael, portanto, é o exemplo para nós de como nosso anjo se importa conosco. Ele intercederá por ti quando te faltar o necessário para viver.

---

59 Cfr. https://arquisp.org.br/liturgia/santo-do-dia/sao-rafael-arcanjo (consultado em 2/2/2022)

Teu anjo batalhará ferozmente ao teu lado quando o inimigo de nossas almas se levantar contra nossas vidas. Ele apresentará a Deus nossas orações e falará de você para Deus e para seus anjos no Céu!

Oração

Ó poderoso Arcanjo São Rafael. Vós que se designastes a guiar e proteger no caminho o jovem Tobias, concedei-me a graça de conhecer os mistérios divinos por meio da adoração e vida sacramental. Ajudai-me a reconhecer o meu Anjo da Guarda como meu irmão, assim como fizestes a o jovem Tobias. Ajudai-me a expulsar do meu lar e da minha vida o espírito maligno que busca perder minha alma.

Por Cristo Nosso Senhor,

Amém.

АРХАНГЕЛ МИХАИЛ

РАФАИЛ

АРХАНГЕЛ ГАВ

CAPÍTULO 6

OS ANJOS DA GUARDA INTERCEDERAM POR ELES

TESTEMUNHOS

Um Anjo apareceu e os livrou de um acidente mortal

Sou missionaria da comunidade Canção Nova há doze anos. Quero compartilhar com vocês uma experiência forte que tenho com os santos anjos. No ano de 2018, minha casa comunitária e eu fomos para uma convivência, isto é um fim de semana por semestre para um descanso com os irmãos.

De acordo com o mover da providência, nós fazemos um passeio juntos. Aconteceu que conseguimos realizar o nosso descanso descendo para a praia. Nos preparamos com muita alegria para esta viagem, participamos da santa missa antes de irmos.

Fomos em sete pessoas, seis irmãs da casa e um irmão que era noivo de uma das irmãs. Já saímos no caminho rezando juntos. De fato, tudo o que fazemos buscamos fazê-lo sempre movidos pela oração. Fomos nos entregando na viagem aos santos anjos e rezando o terço. A viagem ia transcorrendo bem...

Só que em um determinado trecho já subindo a serra, eu percebi, que o carro estava rápido demais. E eu estranhei, porque o motorista estava em uma velocidade moderada, e por se tratar de serra eu achei estranho o fato do carro tomar aquela velocidade que antes não estávamos tendo no caminho.

Então percebi que a velocidade aumentou até que o motorista gritou para nós que o freio do carro tinha acabado e não funcionava mais. Nesta altura, ele já tinha tentado reduzir a marcha, como é de costume, quando o freio vem a falhar, só que mesmo assim o carro não respondia. Tentou também o freio de mão e mesmo assim este também não parou.

Neste momento, estávamos descendo a serra. Então, de forma desgovernada, o carro começou a descer e a gente foi buscando um meio de parar o carro, e o motorista tentando pensar rápido, uma vez que do lado onde nós estávamos havia um precipício, portanto não tinha como jogar o carro e logo a nossa frente ia um outro veículo que corríamos o risco de bater. E, se a acontecesse de batermos no carro à frente, aconteceria que cairíamos todos no precipício. Aconteceria uma tragédia e muitas pessoas iriam morrer.

Só no nosso carro éramos em sete pessoas. Então, o nosso motorista viu que ao longo do caminho tinha um parapeito de pedras do lado esquerdo. Ele então decidiu jogar o carro em direção aquela proteção de pedras vendo que não vinha nenhum carro.

E, mesmo assim, o carro não parou, ele continuou descendo. Neste momento pensei: Vamos morrer!

Naquele momento começamos a rezar. Eu já fui pedindo perdão a Deus pelos meus pecados e fazendo minha confissão ali. Vivi a angustia de pensar nos meus, em minha família e amigos e pensar nossa, como eles vão receber a notícia de minha partida.

Tudo isso em uma fração de segundos, mas foi o suficiente para eu fazer esta reflexão. E nós começamos a pedir para que Nossa Senhora segurasse o carro e que os santos anjos nos auxiliassem naquele momento.

Neste momento, em que invocamos os anjos, nosso irmão avistou uma estradinha de terra ao longo da descida. Nesse momento, ele jogou o carro e conseguimos parar. Ali encontravam-se várias pessoas ao redor. E viram os vidros do carro todos estilhaçarem por causa do impacto.

Nós todos ficamos envoltos de cacos de vidros. As pessoas se aproximaram e deram conta que estávamos todos vivos. E ao mesmo tempo que estávamos em estado de choque estávamos também impactados porque a vida nos foi poupada em questões de segundos. Nesse momento tocamos o milagre de Deus.

Em meio àquela angustia no meio da serra, pedindo socorro às pessoas que pararam em volta de nós, vimos que tínhamos parados em frente a uma barraca de vendas de produtos regionais. E dentre estas pessoas que veio nos socorrer, havia um homem, de cabelo branco um senhor de baixa estatura e de um olhar acolhedor, simpático, com os olhos azuis e com a barba branca. Se apresentou como Chiquinho, e desde então ele foi proporcionando a nós uma sensação de amparo e acolhida.

Por meio daquele homem, a gente se sentiu protegidos. Foi algo sobrenatural este detalhe. Isso não teria nenhuma explicação. Foi através dele que tivemos acesso ao telefone para entrar em contato com a comunidade dar a notícia do acidente.

Foi este homem que foi tranquilizando o nosso coração. Ele nos trouxe água, e nos confortou e acalmou o coração.

Enfim, posso dizer que foi um a presença muito serena. É obvio que a situação do acidente envolveu muita tensão e toda a questão de chegar a polícia para fazer o boletim de ocorrência e todo o processo da delegacia foi muito tenso.

Porém o seu Chiquinho estava conosco em todos os momentos dando esta assistência e a certeza que tudo ia ficar bem. Ele em todo tempo dizia que tudo iria ser solucionado.

Ele sempre repetia: calma porque tudo vai ficar bem! Ele não nos deixou em nenhum momento.

E, quando tudo se encerrou e nós estávamos para ir embora, e os irmãos da comunidade já tinham ido nos buscar para levar-nos de volta para Cachoeira, olhamos em torno a nós, para despedirmos do senhor Chiquinho, este homem que foi tão carinhoso e cuidadoso conosco, simplesmente não o vimos porque ele desapareceu.

Saímos procurando por ele, perguntamos as pessoas do lugar do acidente sobre se tinham visto ou se conheciam o senhor Chiquinho, para o nosso espanto a resposta das pessoas foi que nunca tinham visto aquele senhor e nem sabia de onde era.

E agente insistia em dizer: mas ele trabalha aqui na venda e nos disse, mas a dona da venda nos disse: não aqui não tem nenhum Chiquinho que trabalha conosco aqui não. E nunca mais o vimos e todos nós, os sete missionários, entendemos a partir daquele momento, que Deus havia enviado um anjo para nos proteger e nos guardar e nos livrar de todo o mal. Seja do acidente, do desespero, da morte e de outros tantos perigos. Em resumo de tudo, o que nos assolava naquele momento.

Então, eu quero dizer que eu não tenho dúvidas que o anjo do Senhor nos amparou: Bendito seja Deus!

Juliana Moraes [60]
Missionária na Comunidade Canção Nova

---

60 Você pode acompanhar o trabalho lindo da Juliana. Siga-a nas redes sociais: @julianamoraescn

O testemunho da Juliana, é o exemplo concreto de como os anjos de Deus agem em nosso favor. Ao lermos este testemunho impactante concluímos os quanto os anjos de Deus são poderosos e reais em nossas vidas. Aquele Senhor de olhar doce e acolhedor, foi o anjo que combateu a favor da vida daqueles missionários.

***

Seu Anjo da Guarda a livrou de um estuprador

Eu conheci o Rafael Brito por meio da Maristela, CEO da Angelus. Depois de ter conhecido o Rafa pessoalmente, marcamos depois uma *live* sobre os anjos. Nessa live o Rafa me pediu que contasse a minha experiência com o meu Anjo da Guarda e do livramento que vivenciei com sua intercessão.

Eu fazia eventos e trabalhava em horários distintos. Eu lembro que, naquele dia, fui trabalhar em um evento no Sírio Libanês em São Paulo. Sai de casa muito cedo e voltei para casa à noite, em torno das 23h. Tem que se tomar um cuidado especial quando se anda nas ruas de São Paulo à noite.

Só que tem um porém. Eu moro na Zona Leste de São Paulo. E, naqueles dias, estávamos todos alerta por conta de um estuprador na região. Esse homem estava aterrorizando todos, sobretudo nós mulheres. As descrições que o jornal e a TV davam para nos precaver, é que esse criminoso andava com os cabelos longos cobrindo a cabeça e em um determinado carro. Eram sempre duas pessoas, um motorista e este cara.

Bom, nesse dia, eu estava voltando do evento citado para a casa dos meus pais. A casa da minha família tinha como entrada uma escada grande que dava acesso à moradia em cima. Quem passava na rua não via a casa, mas somente o portão. Para que você pudesse ver a casa você tinha que atravessar a rua para alguém te ver. Então, como eu fazia para avisar que tinha chegado? Eu batia no portão e atravessa a rua e ficava do outro lado esperando que alguém descesse para abrir para mim.

No momento que atravessei a rua e fiquei olhando para que alguém aparecesse, gente, sério, eu estava aqui parada olhando para cima. No momento que olhava em direção à minha casa, eu vi de lado um carro que parou do meu lado. Estes estupradores tinham sempre uma abordagem: eles diziam que estavam perdidos. Com esta estratégia eles sequestravam, estupravam, torturavam.

. Este carro tinha as características que os jornais diziam quando eles perguntaram moça você conhece... eu fiquei gelada. Eu sou uma pessoa muito intuitiva e, nesse momento, eu entrei em estado de choque e, na hora, eu soube que eram eles. Eles continuaram a perguntar e eu não consegui reagir a pergunta deles, nem mesmo fugir, fiquei em estado de choque com medo. Então, eu olhei para dentro do carro. O que eu vi? Eu vi o homem com o rosto coberto pelos cabelos. Neste momento pensei: já era, acabou para mim. Nesse momento passou um filme na minha cabeça em estado de choque parada sem me mexer. Ele continuou falando comigo.

Mas veja, do nada, apareceu um senhor com uma bengala e bateu no carro. Ele batia com tanta força e dizia: deixa ela em paz, deixa ela em paz! Nisso eu me lembro que o carro saiu em disparada, eu, em choque ainda, olhei em direção ao senhor com a bengala e cadê o senhor? Ele desapareceu. Não tinha mais ninguém, nem estuprador, nem carro e nem o senhor com a bengala.

Eu me lembro de verdade dessa cena dele batendo no carro dizendo: deixa ela em paz, deixa ela em paz, e eu ficando em estado de choque diante de tudo aquilo. Segurei o choro e olhei em volta e vi o mercadinho. Pensei, bom o senhor entrou aqui, mas não vi mais ninguém. Foi tudo muito rápido seria impossível ele ter entrado em outro lugar. Ele sumiu.

Eu entrei dentro de casa em estado de choque e minha mãe me perguntou: você está pálida minha filha, o que aconteceu? Aí eu desabei! E meu pai me disse: por que você não gritou? Mas gente é algo muito estranho quando você está em estado de choque, você não consegue se expressar.

Eu tenho certeza que aquele dia fui visitada pelo meu Anjo da Guarda, que me livrou da morte. Na *live*, com o Rafael, ele disse que esta história lhe tinha marcado muito. De fato, quando falamos do Anjo da Guarda, pode até parecer um egoísmo da nossa parte quando dizemos: "eu tenho um Anjo da Guarda para me servir". Não, o Anjo da Guarda está conosco porque Deus assim o quis para que fosse nosso amigo e companheiro durante toda a nossa vida.

Taisa Pelosi [61]
Atriz, cantora e compositora

Veja que lindo! A Taisa Pelosi, foi auxiliada por seu anjo guardião que se manifestou em um momento eminente de perigo. Sua força e poder afastou o mal e colocou em fuga o inimigo.

O que significa isso? Significa que meu Anjo da Guarda se relaciona com Deus, logo eu também me relaciono com o Altíssimo em Jesus. Portanto, é através da vida de Jesus que encontro meu anjo e ele que foi mandado por Deus para me conduzir e acompanhar no caminho, me livrará de todos os perigos.

A história da Taisa é um exemplo claro do auxílio angélico em nossas vidas. Não é algo abstrato

---

61 Suas redes sociais são: @taisapelosi

nem mesmo ideal, mas real e concreto! O teu Anjo da Guarda recebeu ordens para lhe guardar e guerrear a teu favor!

***

Um Milagre na Fábrica

Acompanho o professor Rafael em suas *lives* oracionais no *Youtube* e *Instagram*. Sou gerente em uma fábrica. Aconteceu que queimou um equipamento da empresa e a reposição deste só é possível depois de três meses, pois é caríssimo e também importado.

Sendo responsável do setor, estava agoniada, mesmo crendo e confiando na misericórdia de Deus. Então, li um *post* do Rafael no *Instagram* em que ele nos ensinava como os anjos estão prontos a nos socorrer e vir em nosso favor.

Eu comecei a invocar os anjos, lembrando dos ensinamentos do Rafa de que eles são seres reais e pessoais.

Passado uma hora, surpreendentemente, o líder da produção subiu e nos deu a notícia que o drive que havia queimado e que custava caro havia voltado a funcionar! Ele ligou sozinho sem nenhuma intervenção humana!

Eu entrei em prantos diante de tamanha manifestação dos anjos e testemunhei como eles são poderosos em nos socorrer em situações concretas como esta. O Senhor mandou seus anjos para me socorrer naquele momento de tribulação. Obrigado Santos Anjos do Senhor.

Renata Morale[62]

O relato da Renata é a prova viva de tudo o que aprendemos ao longo deste livro: Os anjos não são seres abstratos, longe de nossa realidade. Eles existem de verdade, caminham conosco e nos auxiliam no momento da prova mais difícil em nossas vidas.

Espero que por meio desses três testemunhos, que escolhi entre centenas, possamos juntos crescer em amizade, relacionamento e intimidade com o nosso amado Guardião. Que também o teu anjo protetor, neste dia, apresente seu nome e suas intenções diante do trono do Senhor!

Tudo para honra e glória de Deus!

---

[62] Rede social: @renatamorale

CAPÍTULO 7

RESPONDENDO ALGUMAS PERGUNTAS

1. Como ter intimidade com meu Anjo da Guarda?

Os anjos estão unidos a Deus. O seu existir e o seu modo de viver não se afasta da presença do Senhor. Portanto, mesmo estando conosco neste mundo, os anjos que não estão presos à realidade de tempo e espaço continuam ligados inseparavelmente ao seu Criador e Pai.

Sendo assim, onde posso ter a certeza que encontrarei meu anjo? A resposta é simples e objetiva: na presença de Deus. Ora, para que então eu possa crescer e me relacionar com eles, preciso, antes de tudo, ser íntimo e amigo de Jesus.

De fato, Jesus nos ensinou que Ele é o caminho que nos conduz ao Pai (Jo 14, 6). É por Jesus Cristo e Nele que temos acesso ao seio da Trindade e, por meio Dele adentramos no secreto da adoração. Ao adentrarmos a sala do trono, não encontramos Deus sozinho sentado em seu trono, mas o que vemos é que no Céu, ao redor do Cordeiro Imolado e de seu Pai, estão os anjos que cantam e louvam dia e noite.

Teu Anjo da Guarda está entre a enorme multidão de anjos que louvam a Deus. Por isso, ele é nosso amigo na oração e mestre na vida espiritual. Jesus é o centro da Vida dos anjos de Deus e, por sua vez, o motivo único da adoração deles. Logo, você só terá verdadeira amizade com seu anjo, se antes seu coração se abriu para Jesus e para o seu projeto de salvação e amor para contigo. O Anjo da Guarda é uma criatura como você, e teu irmão. O lugar onde você poderá sempre se relacionar com ele é onde se encontra Jesus.

2. *Posso dar nome ao meu anjo?*

Muitos me perguntam a esse respeito. O teu Anjo da Guarda possui um nome pelo qual Deus o chama. Mas a nós isso não foi revelado. Em toda a Sagrada Escritura, os únicos nomes de anjos conhecidos são de: Miguel, Gabriel e Rafael. Todas as outras vezes que, ao longo da história bíblica, alguém perguntou o nome dos anjos, esses não responderam. Lembre-se de Jacó, por exemplo, que lutou com o Anjo, e este não disse o nome (Gn 32, 22-32).

O que isso significa? Lembremos que a palavra anjo significa mensageiro. Portanto, como nos diz Santo Agostinho, o nome anjo não está relacionado à essência do anjo, mas a sua missão e ministério de ser o enviado da parte de Deus. Ora, o Espírito Celeste que te acompanha não se chama anjo, ele tem seu nome que é conhecido entre seus irmãos espirituais e por Deus.

O fato de não possuir um nome, está ligado à virtude da humildade que ele possui. Se você notar bem o que diz Êxodo 23, 20, verá que o Senhor revela:

"Respeita a sua presença e observa a sua voz... pois nele está o meu nome..."

Note bem este detalhe. O Anjo da Guarda carrega em si o nome de Jesus. Ele possui em si mesmo a autoridade no Nome de Deus, como o embaixador de um reino junto ao seu destinatário. O Anjo da Guarda não está preocupado que você de um nome a ele, mas que aprenda a reconhecer nele o Nome que está acima de todo o nome. Logo, não é bom dar um nome ao anjo, uma vez que muitos o fizeram e, ao fim de tudo, ao invés de invocar anjos, estavam invocando outras realidades espirituais.

Encontramos na internet muitos *sites* que dizem te ajudar a conhecer o nome do teu anjo. Lembremos que tais, não seguem a direção que a nossa Igreja nos dá e nem mesmo apresentam a doutrina cristã a respeito dos anjos. Ao contrário, ambos possuem suas origens em movimentos *New Age* e esotéricos.

Assim sendo, a Igreja já se pronunciou a esse respeito no diretório da piedade popular ao dizer:

> *"É de se rechaçar o costume de dar aos anjos nomes particulares, com exceção de Miguel, Gabriel e Rafael, que aparecem nas Escrituras."*[63]

---

63 CONGREGAÇÃO PARA O CULTO DIVINO E A DISCIPLINA DOS SACRAMENTOS. *Diretório sobre a piedade popular e liturgia: princípios e orientações*, 13 de maio de 2002, n. 217.

Mas ainda surge a pergunta: eu não posso chamá-lo com um nome carinhoso, como: querido amigo, meu irmão etc.? Se isso for na intenção de carinho ou de afeto para o relacionamento com ele, seria tolerável, mas, dar um nome específico, somos desaconselhados.

Mas fique tranquilo, quando você chegar ao Céu, conhecerás seu anjo na plenitude e certamente conhecerás seu nome.

3. Quem não é batizado possui um anjo também?

Todos nós possuímos um anjo guardião. Como já explicado neste livro, o anjo nos é dado no início da vida. Ora, o início da vida é na concepção e, portanto, independente de seres batizado ou não, possuis um anjo guardião. Até mesmo um ateu o possui.

Tomás de Aquino nos explica a este respeito, nos ensinando que a missão do Anjo da Guarda é nos acompanhar no caminho em direção a Deus. Sendo que estamos a caminho, em peregrinação neste mundo, o ministério dos Anjos da Guarda é aquele de nos conduzir a Deus. Assim sendo, podemos afirmar, com toda certeza, que cada ser humano, independentemente de ser batizado ou não possui seu Anjo da Guarda[64].

---

64 TOMÁS DE AQUINO. *Summa Theologica*, Q.113, a.4.

Se o Anjo da Guarda fosse dado somente aos batizados, como explicaria, por exemplo, a presença deles no Antigo Testamento quando cuidavam e conduziam as pessoas, sendo que ainda a redenção não tinha si realizada em Jesus Cristo? Logo, podemos deduzir uma coisa: o Anjo da Guarda é dado a todos os homens. Mas, é verdade que por meio do batismo que é o ingresso dos cristãos na vida divina, logo, o grau de relacionamento com o anjo eleva-se, e a nossa amizade com eles se torna perfeita, uma vez que ao ser inseridos e enxertados em Jesus, estaremos em profunda comunhão com os anjos e santos no Céu[65].

4. O anjo nunca nos abandona?

A missão do anjo em nos guardar é perene nesta vida. Independente da condição do seu protegido, estando ele em pecado ou em estado de graça. Ora, mas em pecado o anjo não se afastaria de nós, talvez tu te perguntarias. Ora o que é o pecado? Antes de ser uma falta grave diante de Deus, o pecado, em sua natureza, é uma enfermidade na alma do homem.

Ferido e necessitado da graça divina, o ser humano sozinho não pode ter acesso à salvação se a graça divina não lhe alcançar. Ao mesmo tempo para que a graça surta efeito na alma, o sujeito necessita abrir-se a Deus. Ora, o anjo que te protege não somente dos perigos físicos, mas sobretudo daquele espiritual,

---

[65] Cfr. BULGAKOV, S. *La Scala do Giacobbe*, p. 58-59.

intercede por ti para que teu coração não se feche à misericórdia de Deus.

Temos imensos testemunhos de conversão de pecadores, que se tornaram santos por meio da intercessão de alguém.

O exemplo mais conhecido na história do cristianismo é a conversão de Santo Agostinho que teve sua mãe, Santa Mônica, a rezar por sua vida por mais de trinta anos por sua conversão. Outra santa que orou pela conversão de seus filhos foi Santa Rita de Cássia que, ao ver o sentimento de vingança de seus filhos diante do assassino de seu esposo, pede pela salvação dos seus e é atendida no Céu.

Por último, podemos dar o exemplo mais extremo da eficácia da oração e de quando alguém não desiste de interceder pela vida dos pecadores. Quando Santa Terezinha tinha 14 anos e tinha acabado de entrar no Carmelo, Terezinha fica sabendo da história de um *serial killer* que tinha cometido três homicídios horrendos e que estava no corredor da morte.

O nome do assassino era Henri Pranzini. Ele assassinou três mulheres, em Paris, em março de 1887: Marie Regnault, Annette Gremeret e Marie Louise, filha da segunda. Nunca se declarou culpado. Esse assassino nunca tinha demonstrado arrependimento por sua falta. Terezinha então entra na guerra espiritual por aquela alma, dedicando sua vida para a conversão daquele pecador. A florzinha do Carmelo oferecia seus sacríficios e suas lutas diárias para que a graça divina alcançasse aquele homem.

No último momento de sua vida, antes de colocar a cabeça sobre a guilhotina, este pediu ao padre o crucifixo e o beijou três vezes e se arrependeu. Por isso, quando as relíquias da Santa de Lisieux, vai em peregrinação pelo mundo, se aconselha que ela passe nas prisões locais.

Por que esses exemplos para responder à pergunta se o anjo nos abandona? Para lhe mostrar a eficácia da oração e a intercessão do nosso Anjo da Guarda para nos conduzir e nos levar a Deus. Por isso, ouso dizer à luz do que a doutrina nos ensina a respeito do Anjo da Guarda, que ele não nos abandona jamais, até mesmo quando estamos em perigo da perda da nossa alma. É aqui que suas orações se intensificam e chegam ao Céu. Se, os exemplos dados surtiram efeitos na vida de pecadores quando outros pecadores intercederam, então podes imaginar como não é ainda mais eficaz a oração do teu anjo que já está na glória celeste.

Sobre a presença constante do anjo em nossa vida, Tomás de Aquino nos explica que o anjo não nos abandona porque o seu ministério de nos guardar, está ligado à providência de Deus que nos sustenta em todos os momentos. O Aquinate afirma que nada foge aos olhos do cuidado providente de Deus, nem mesmo os mínimos detalhes. Logo, também a guarda do anjo não é interrompida, nem mesmo quando este sobe aos Céus, uma vez que, subindo ou descendo, a eficácia de sua guarda continua. Até mesmo nas tribulações, os anjos continuam a interceder e a cuidar daqueles a qual o Senhor lhes confiou[66].

Certamente que nosso anjo não se agrada dos nossos pecados. E nem mesmo dele será cúmplice. Mas, podemos dizer que, mesmo assim, ele, como embaixador do amor de Deus e reflexo deste, transmite a fidelidade de Deus para conosco: Nunca nos abandonando mesmos, mas buscando-nos para voltarmos para casa!

5. Como o Anjo da Guarda intercede por nós junto a Deus?

Existe um único mediador entre os homens, Jesus Nosso Senhor. É Ele o único que intercede junto ao Pai. O mistério da intercessão dos anjos e dos santos, perpassa pela graça e comunhão que temos com o Corpo de Cristo e por Sua vontade de salvar-nos.

Portanto, o importante em tudo, salientar que nenhum santo no Céu, a começar pela Bem-Aventurada Virgem Maria, São José, os santos e anjos possuem por si mesmos poder algum. Mas, a teologia da comunhão dos santos nos ensina que, esses, participando da vida divina por meio de Cristo, participam

---

[66] Cfr. TOMÁS DE AQUINO. *Summa Theologica*, Q. 113, art. 7.

então do poder de Deus de orar e interceder pelos seus irmãos[67].

Ora, os santos podem orar por nós e interceder porque deixaram que suas vidas fossem habitadas por Deus. A esse respeito, Bento XVI nos explica sobre o amor que vai além da morte física e que permanece através também da intercessão dos santos de Deus:

> *"Na comunhão dos Santos, canonizados ou não, que a Igreja vive graças a Cristo em todos os seus membros, nós beneficiamos da sua presença e da sua companhia e cultivamos a firme esperança de poder imitar o seu caminho e partilhar um dia a mesma vida bem-aventurada, a vida eterna."* [68]

Os santos que estão não Céus, não são somente os que adormeceram em Cristo. A pátria celeste é feita de homens e anjos[69]. Portanto, os anjos, também ao orar, adorar e se relacionar com Deus intercedem por nossa salvação. É tão poderosa esta verdade de fé, que só por tomarmos consciência desta graça, já bastaria para não nos sentirmos sozinho neste vale de lágrimas.

---

67 Constituição dogmática Lumen Gentium, *Lumen Gentium*, p. 49: *"Pelo fato de os habitantes do Céu estarem unidos mais intimamente com Cristo, consolidam com mais firmeza na santidade toda a Igreja. Eles não deixam de interceder por nós junto ao Pai, apresentando os méritos que alcançaram na terra pelo único mediador de Deus e dos homens, Cristo Jesus. Por seguinte, pela fraterna solicitude deles, a nossa fraqueza recebe o mais valioso auxílio".*

68 Bento XVI, *Audiência geral, 13 de Abril 2011.*

69 Cfr. Tomás de Aquino. *Super Evangelium S. Mattthaei*, p. 18,10.

O nosso anjo apresenta diante de Deus nossas orações. Intercede, caminha conosco, suplica ao Senhor que nos proteja e salve a nossa alma. As boas ações que fazemos no escondido quando ninguém do mundo visível vê, seu Anjo da Guarda é testemunha de toda caridade que fizestes no secreto. Ele, ao adorar o Altíssimo, mistura as tuas orações e súplicas às dele (Ap 8, 3).

6. Posso rezar ao Anjo da Guarda de alguém?

Muitas vezes me chegou essa pergunta. Eu te respondo que sim. Nunca podemos nos esquecer que os anjos são seres pessoais e reais. Eles não são um mito ou uma lenda que lemos nas histórias infantis. Sendo assim, podemos deduzir algo a respeito dos Anjos da Guarda de quem amamos e de todos os homens.

Os anjos antes de tudo se amam uns aos outros. Eles se conhecem e se amam[70]. Esses irmãos estão empenhados a nos levar ao caminho bom. Uma vez que aprendemos neste livro que o anjo não nos abandona, fica implícito um dado de fé: a pessoa mais próxima daquele amigo ou familiar que você deseja rezar é o anjo dela. O anjo daquela pessoa está em comunhão com Deus e, por sua vez, com sua Igreja e contigo. Logo, acender uma vela e orar a oração

---

70 Cfr. TOMÁS DE AQUINO. *Summa Theologica*, Q. 60, art.4.

do Santo Anjo na intenção de determinada pessoa ou para a salvação da alma de quem estás intercedendo é claro que pode!

Por exemplo, no tempo da pandemia do Covid-19, fomos isolados e até mesmo impossibilitados de visitar nossos doentes no hospital. Muitos, infelizmente, enfrentaram seus últimos dias sem poder dar um abraço ou receber o afeto de seus familiares. Quem permaneceu com eles em todo este tempo?

O Anjo da Guarda! Portanto, nos momentos mais críticos, quando não temos ninguém pessoalmente a nos acompanhar, nosso anjo sempre estará conosco.

7. *Posso mandar meu anjo à missa em meu lugar?*

Ao responder essa pergunta, quero usar um exemplo. Suponhamos que tenhas sofrido um grande acidente. Com o impacto do veículo, perdeste muito sangue, então levado às pressas para o hospital, o corpo médico, para reparar os danos e as perdas, decidem que seu corpo necessita de sangue. Dirias ao médico: eu não posso receber este sangue e, portanto, mandarei meu irmão receber no meu lugar?

Ou suponhamos que, depois de sete dias sem se alimentar, disseste a alguém: vai comer no meu lugar porque estou sem forças. Aquele, enviado por ti, ao se alimentar em teu lugar saciaria e nutriria seu corpo?

Se para as coisas físicas, precisamos nos alimentar, e receber o sangue e o sustento para continuar, muito mais ainda isso se aplica ao mistério eucarístico. Portanto, não! Teu anjo não vai à missa em teu lugar. Se, por algum problema grave, como doença ou outra situação adversa não podes participar, logo se entende que podemos através da graça de pertencermos ao corpo místico de Cristo, sermos alimentados espiritualmente e sustentados pela intercessão dos santos e anjos.

Concluo dizendo algo muito importante: O nosso anjo não é um substituto em nossas responsabilidades...

ТЕПЕР НАСТАЛО   І В
    СПАСІННЯ   НАШОГО,

CONCLUSÃO

Ao concluir a presente obra, que se constitui como a segundo livro da nossa trilogia sobre os santos anjos, desejo agradecer em primeiro lugar a Deus por tamanho cuidado e carinho e também ao nosso Anjo fiel protetor, que nunca nos abandonou desde o primeiro instante de nossas vidas até o dia de hoje.

Ao longo de cada capítulo, aprendemos quem são os anjos de Deus, especificamente os nossos guardiões e amigos fiéis em Jesus Cristo Nosso Senhor. Descobrimos que o nosso Anjo da Guarda esteve presente no dia da grande batalha no Céu. Ele e seus irmãos que permaneceram fiéis a Deus, escolheram defender e aceitar a vontade suprema de seu Criador. Soldado, vencedor de batalhas, nosso Anjo da Guarda não é um ser delicado e nem mesmo aparentemente fraco como quis apresentar-nos as artes modernas e renascentistas. Ao contrário, aprendemos que são seres poderosos, que sozinhos podem enfrentar exércitos de demônios, porque não colocam suas forças em si mesmos, mas permanecem unidos e dependentes totalmente de Deus.

São adoradores de fogo. Mesmo vivendo a caminhando com homens, suas essências estão unidas inseparavelmente do Senhor.

Aprendemos que com eles podemos vencer qualquer batalha, porque carregam em si mesmos a ordem de Deus para nos guardar e nos conduzir até o Céu.

Ao terminar este livro, tomo a liberdade de te dizer que jamais em tua vida te sintas sozinho. O anjo que ao teu lado permanece, desde a tua concepção, misturou suas lágrimas, alegrias, festas, lutos, fracassos e vitórias ao seu incensório. Ele apresentou tudo isso a Deus e continuará fazendo-o até o dia em que estarás com o teu Deus na Pátria Celeste.

Penso que a melhor conclusão deste livro deve ser uma oração ao nosso Anjo da Guarda. Sendo assim, usaremos a oração do cardeal Newman ao seu anjo protetor. A presente oração se assemelha a uma carta a um velho amigo. Penso que ela resume tudo o que aprendemos até aqui.

Que o teu Anjo da Guarda, continue a te conduzir, iluminar-te e guardar-te no caminho, para que possas um dia voltar com ele para a morada celeste!

Que os anjos de Deus falem de você hoje no Céu!

***

Meu Velho Amigo
(oração de São Henry Newman)

Meu velho amigo. Amigo desde o primeiro momento do sopro da minha vida,

Meu amigo fiel serás, sem me trair até a minha morte.

Sempre estiveste perto de mim; o meu Criador te confiou a mim, quando apenas a minha alma era formada a este bebê proveniente do pó.

Nem o fervor do coração na oração, nem a fé retamente formada, me deram tutores como São José ou Miguel em sua potência conquistadora.

Nenhum santo patrono, nem o amor de Maria, o mais caro e melhor, me conhece como tu conheces a mim. Nem mesmo me abençoou como você.

Você me levou até a fonte do batismo; e a cada ano que se passava ias murmurando no meu ouvido de criança as primeiras verdades.

E quando a adolescência foi ultrapassada e o meu espírito rebelde cedeu, - oh, você viu tudo e também tremias comigo enfrentando aquele que conduz ao inferno! – E então, quando a culpa e o juízo me vinham, e o terror me dominava, o teu doce sopro apressava a sanar todas as minhas penas.

Oh! Quem poderá tecer por inteiro, todas as tuas fadigas e dificuldades? De você que me colocou o sorriso de Maria e me conduziu aos pés de Pedro?

E te inclinarás sobre a minha cama, na hora em que se estenderão as sombras sobre a minha vida;

Tu és na dúvida e na paciência e também na tristeza um amigo vigilante e zeloso.

Amigo meu, quando estarei diante do Juiz... amigo meu, se serei poupado e conseguir resistir ao fogo da purificação (purgatório) e meus pecados forem consumidos;

Meu amigo, irmão da minha alma, quando chegar o dia da minha libertação, então os teus braços me levantarão e as tuas asas me levarão à lareira do secreto da eternidade.

Amém.

... TVARVM ... ... ROTEGE NOS

...fore juro p͞ Iesu
...p. Crucificado
...o Raphael An...
...Divin...

APÊNDICE

ORAÇÕES AO ANJO DA GUARDA

Terço ao Anjo da Guarda

Santo Anjo do Senhor, inspirai-me;
Santo Anjo do Senhor, protegei-me;
Santo Anjo do Senhor, pedi por mim;
Santo Anjo do Senhor, fortificai-me;
Santo Anjo do Senhor, defendei-me;
Santo Anjo do Senhor, ensinai-me.

Na Dezena:

Santo Anjo do Senhor, meu zeloso guardador, se a ti me confiou a piedade divina, hoje e sempre me rege a guarda, governa e ilumina.

No final da Dezena:

Santo Anjo do Senhor, purificai-me;
Santo Anjo do Senhor, amparai-me;
Santo Anjo do Senhor, falai por mim;
Santo Anjo do Senhor, dirigi-me;
Santo Anjo do Senhor, iluminai-me;
Santo Anjo do Senhor, governai-me.

Rezar um Pai-Nosso, uma Ave-Maria e um Glória pelos Anjos da Guarda das pessoas que nós ofendemos e escandalizamos.

Rezar também um Pai-Nosso, uma Ave-Maria e um Glória pelos Anjos da Guarda das pessoas que mais precisarem de oração (dizer seus nomes).

Rezar um Pai-Nosso, uma Ave-Maria e um Glória pelos Anjos da Guarda do Santo Padre, do nosso Bispo Diocesano, de todo o Clero e, principalmente, de todos aqueles que se preparam para o Ministério Sacerdotal.

Consagração:

Santo Anjo da Guarda, que desde o início da minha vida me fostes concedido para meu protetor e companheiro, quero eu (nome), pobre pecador, consagrar-me hoje a vós na presença de meu Senhor e Deus, de Maria, minha Mãe celestial, e de todos os Anjos e Santos;

Peço-vos, Santo Anjo, toda a força do amor divino para que eu seja nele inflamado; peço-vos o vigor da fé para que nunca mais vacile.

Enfim, peço-vos que esta minha união convosco seja para mim escudo protetor contra todos os ataques de Satanás.

Tudo isso vos peço em nome do Senhor Jesus Cristo, que vive e reina com Deus Pai na unidade do Espírito Santo.

Amém.

Final:

Alcançai-nos de Deus a saúde do corpo e da alma, defendei-nos contra os ladrões, assaltantes, sequestradores e terroristas.

Livrai-nos da morte repentina e iminente, dos desastres, dos perigos e acidentes em nossas viagens, e guiai-nos na difícil caminhada, rumo à casa do Pai.

E nestas intenções, unidos a vós, agradecemos ao Pai, ao Filho e ao Espírito Santo, pelos inefáveis dons de vossa criação e confirmação na graça divina, e pelas missões que Deus vos confiou.

Amém.

Meu Bom Anjo da Guarda
(São Carlos Borromeu)

Meu bom Anjo da Guarda, não sei quando e de que modo irei morrer. É possível que eu seja levado de repente ou que, antes do meu último suspiro, eu me veja privado das minhas capacidades mentais. E há tantas coisas que eu quereria dizer a Deus, no limiar da Eternidade...

Por isso, hoje, com a plena liberdade da minha vontade, venho pedir, Anjo da minha guarda, que faleis por mim nesse temível momento.

Direis, então, ao Senhor:

– Que quero morrer na Santa Igreja Católica Apostólica Romana, no seio da qual morreram todos os santos, depois de Jesus Cristo, e fora da qual não há salvação;

– Que peço a graça de participar nos méritos infinitos do meu Redentor e que desejo morrer pousando os meus lábios na Cruz que foi banhada com o Seu Sangue;

– Que aborreço e detesto os meus pecados que ofenderam a Jesus e que, por amor a Ele, perdoo os meus inimigos, como eu próprio desejo ser perdoado;

– Que aceito a minha morte como sendo da vontade de Deus e que, com toda a confiança, me entrego ao Seu amável e Sacratíssimo Coração, esperando em toda a Sua misericórdia;

– Que, no meu inexprimível desejo de ir para o Céu, me disponho a sofrer tudo quanto a Sua soberana Justiça haja por bem infligir-me.

Não recuseis, ó Santo Anjo da minha guarda, ser o meu intérprete junto de Deus e expor diante d'Ele que estes são os meus sentimentos e a minha vontade.

Amém.

Oração de S. Anselmo de Cantuária

Ó Espírito angélico, a cujos próvidos cuidados entregou-me Deus, Nosso Senhor, rogo-vos que sempre queirais guardar-me e proteger-me, assistir-me e defender-me de todo assalto do Demônio, quer eu esteja acordado, quer dormindo. Oh! sim, assisti-me noite e dia, a todo momento; estai sempre ao meu lado onde quer que eu me ache. Afastai para longe de mim todas as tentações de Satanás e obtende-me do misericordiosíssimo Juiz e Senhor Nosso, que vos constituiu meu guarda e a vós me confiou, a graça, que de todo desmereçam os meus atos, de permanecer imune de toda culpa em minha vida. E se, por infelicidade, eu me encaminhar para a estrada do vício, reconduzi-me pela senda da virtude ao meu Divino Redentor.

Quando me virdes oprimido pelo peso das angústias, fazei-me experimentar a ajuda de Deus Onipotente. Peço-vos também que me reveleis, se for possível, o termo dos meus dias, e que não permitais que a minha alma, quando se desprender do corpo, seja aterrorizada pelos espíritos malignos, ou seja objeto de escárnio para eles, ou deles seja presa desesperada. Não, não me abandoneis jamais, até que me tenhais conduzido ao Céu, para gozar da vista do meu Criador e ser eternamente feliz em companhia de todos os santos. Que eu possa atingir tal felicidade mediante a vossa assistência e os merecimentos de Nosso Senhor Jesus Cristo.

Oração de S. Luíz Gonzaga

Ó santos e puros Anjos, ó vós, verdadeiramente bem-aventurados, que continuamente assistis na divina presença e com tão grande júbilo estais contemplando a face Daquele celeste Salomão, por quem fostes cumulados de tanta sabedoria, feitos dignos de tanta glória e ornados de tantas prerrogativas! Vós, brilhantes estrelas, que com tal felicidade resplandeceis nesse bem-aventurado Céu, infundi, eu vos peço, em minha alma as vossas bem-aventuradas inspirações. Conservai sem máculas a minha vida; firme, a minha esperança; sem culpa, os meus costumes; inteiro, o meu amor para com Deus e para com o próximo.

Rogo-vos, Anjos bem-aventurados, que com vossa ajuda vos digneis conduzir-me na estrada real da humildade, pela qual vós caminhastes primeiro, para que, depois desta vida, eu mereça ver juntamente convosco a bem-aventurada face do Pai Eterno, e ser contado em Vosso número também, no lugar de uma daquelas estrelas que, por sua soberba, caíram do Céu.

Orações de S. Afonso Maria de Ligório

I. — Ó santo Anjo de minha guarda, quantas vezes com os meus pecados não vos obriguei a cobrir a face! Rogo-vos que me perdoeis e que por eles obtenhais o perdão junto de Deus, enquanto, de minha parte, proponho jamais desgostar a Deus ou a vós com as minhas faltas. *Santo Anjo do Senhor, meu zeloso guardador, se a ti me confiou a piedade divina, sempre me rege, me guarda, me governa, me ilumina. Amém.*

II. — Quanto vos agradeço, ó Anjo de minha guarda, pelas luzes que me haveis concedido! Quem me dera vos houvesse sempre obedecido! Ai, continuai a iluminar-me, repreendei-me em minhas quedas e não me abandoneis até o último momento de minha vida. *Santo Anjo do Senhor...*

III. — Agradeço-vos, ó príncipe do Paraíso, Anjo meu, pois por tantos anos me assististes! Tenho-me esquecido de vós, mas não vos esquecestes de mim. Quem sabe o quanto me resta de viagem para entrar na eternidade. Ah, anjo de minha guarda, guiai-me pelo caminho do Céu e não deixeis de me assistir enquanto não me virdes eterno companheiro vosso no Reino bem-aventurado. *Santo Anjo do Senhor...*

Oração de S. Pedro Canísio

À vossa tutela me recomendo, ó Santo Anjo, pois à vossa guarda me confiou a divina bondade.

Sou cego, guiai-me; sou ignorante, instruí-me; sou fraco, confortai-me; sou pequeno, protegei-me; sou um caminhante extraviado, reconduzi-me à estrada real; sou preguiçoso, despertai-me; sou lento, estimulai-me a progredir no bem.

E, sobretudo, fazei que aquela extrema e perigosa luta, que eu terei de sustentar contra os demônios em minha morte, tenha termo feliz, para que, passando a ser companheiro vosso no Céu, possa cantar alegremente o hino da vitória: *"Laqueus contritus est, et nos liberati sumus* — Rompeu-se-nos o laço e livres dali nos fomos".

Oração de S. João Berchmans

Anjo Santo, amado de Deus, que por divina disposição tomastes-me sob a vossa bem-aventurada guarda desde o primeiro instante de minha vida, jamais cesseis de defender-me, de iluminar-me, de reger-me.

Venero-vos como padroeiro, amo-vos como guarda, submeto-me à vossa direção e todo me dou a vós, para ser por vós governado.

Peço-vos, portanto, e vos suplico pelo amor de Jesus Cristo, que, por mais que eu tenha sido ingrato para convosco e surdo a vossos avisos, não me queirais por isso abandonar; mas que vos digneis reconduzir-me ao reto caminho quando eu estiver transviado; ensinar-me na ignorância; levantar-me quando caído; consolar-me quando aflito; sustentar-me no perigo, até que me introduzais no Céu a gozar convosco a eterna felicidade.

Assim seja.

Novena ao Anjo da Guarda

PRIMEIRO DIA:

Ó fidelíssimo executor das ordens de Deus, Santíssimo Anjo, meu protetor, que, desde o primeiro instante da minha existência, velas sempre com solicitude à guarda do meu corpo e da minha alma: eu te saúdo e te agradeço, em união com todo o coro dos Anjos que a bondade Divina comprometeu à Guarda dos homens. Eu te peço instantemente: redobra a tua atenção para me preservar de toda queda nesta presente peregrinação, a fim de que a minha alma se conserve sempre pura.

Santo Anjo do Senhor, meu zeloso guardador, se a ti me confiou a Piedade Divina, sempre me rege, guarda, governa e ilumina. Amém.

V) Rogai por nós, Bem-Aventurados Anjos de Deus,
R) Para que sejamos dignos das promessas de Cristo.

Oremos:

Ó Deus, que, por inefável Providência vos dignais enviar os Vossos Anjos a fim de nos guardarem, dai-nos a graça de aqui na Terra colher os efeitos da sua proteção eficaz e partilhar um dia da sua felicidade; nós vo-lo pedimos pelos méritos de Jesus Cristo, Nosso Senhor. Assim seja.

SEGUNDO DIA:

Ó meu companheiro amantíssimo, meu único amigo verdadeiro, meu Santo Anjo da Guarda, que, em todos os tempos e lugares, me dás a honra da tua venerável presença: eu te saúdo e te agradeço, em união com todo o coro dos Arcanjos, encarregados por Deus de anunciar os eventos grandes e misteriosos. Eu te peço insistentemente: ilumina o meu espírito para conhecer a Vontade Divina e dispõe meu coração para executá-la sempre perfeitamente, a fim de que, agindo sem cessar conforme a fé que professo, obtenha na outra vida a recompensa prometida aos verdadeiros fiéis.

Santo Anjo do Senhor, meu zeloso guardador, se a ti me confiou a Piedade Divina, sempre me rege, guarda, governa e ilumina. Amém.

V) Rogai por nós, Bem-Aventurados Anjos de Deus,
R) Para que sejamos dignos das promessas de Cristo.

Oremos:

Ó Deus, que, por inefável Providência vos dignais enviar os Vossos Anjos a fim de nos guardarem, dai-nos a graça de aqui na terra colher os efeitos da sua proteção eficaz e partilhar um dia da sua felicidade; nós vo-lo pedimos pelos méritos de Jesus Cristo, Nosso Senhor. Assim seja.

TERCEIRO DIA:

Ó meu mestre sapientíssimo, meu Santo Anjo da Guarda, que nunca cessas de me ensinar a verdadeira ciência dos Santos, eu te saúdo e te agradeço, em união com todo o coro dos principados, encarregados de governar os espíritos inferiores para assegurar a pronta execução das ordens divinas. Eu te peço insistentemente: vela sobre os meus pensamentos, minhas palavras e minhas ações, para que, aderindo em tudo aos teus salutares ensinamentos, eu não perca jamais de vista o santo temor de Deus, princípio único e infalível da verdadeira sabedoria.

Santo Anjo do Senhor, meu zeloso guardador, se a ti me confiou a Piedade Divina, sempre me rege, guarda, governa e ilumina. Amém.

V) Rogai por nós, Bem-Aventurados Anjos de Deus,
R) Para que sejamos dignos das promessas de Cristo.

Oremos:

Ó Deus, que, por inefável Providência vos dignais enviar os Vossos Anjos a fim de nos guardarem, dai-nos a graça de aqui na terra colher os efeitos da sua proteção eficaz e partilhar um dia da sua felicidade; nós vo-lo pedimos pelos méritos de Jesus Cristo, Nosso Senhor. Assim seja.

QUARTO DIA:

Ó meu amantíssimo educador, meu Santo Anjo da Guarda, que, por amáveis censuras e contínuas admoestações, me convidas a levantar da queda toda vez que, para minha infelicidade, caio: eu te saúdo e te agradeço, em união com todo o coro das Potestades, encarregadas de conter as forças do demônio contra nós. Eu te peço insistentemente: tira a minha alma do sono da tibieza em que ela vive atualmente, e que eu lute para triunfar sobre todos os meus inimigos.

Santo Anjo do Senhor, meu zeloso guardador, se a ti me confiou a Piedade Divina, sempre me rege, guarda, governa e ilumina. Amém.

V) Rogai por nós, Bem-Aventurados Anjos de Deus,
R) Para que sejamos dignos das promessas de Cristo.

Oremos:

Ó Deus, que, por inefável Providência vos dignais enviar os Vossos Anjos a fim de nos guardarem, dai-nos a graça de aqui na terra colher os efeitos da sua proteção eficaz e partilhar um dia da sua felicidade; nós vo-lo pedimos pelos méritos de Jesus Cristo, nosso Senhor. Assim seja.

QUINTO DIA:

Ó meu poderosíssimo defensor, meu Santo Anjo da Guarda, que, mostrando-me as armadilhas do Demônio e ocultando de mim as pompas deste mundo e os prazeres da carne, me facilitas a vitória e o triunfo: eu vos saúdo e vos agradeço, em união com todo o coro das Virtudes, destinadas por Deus Todo-Poderoso a operar os milagres e a conduzir os homens à Santidade. Eu vos peço insistentemente: socorre-me em todos os perigos, defende-me em todos os assaltos, a fim de que eu possa avançar com segurança na via de todas as virtudes, em particular da humildade, da pureza, da obediência e da caridade, que são as mais queridas por ti e as mais indispensáveis à salvação.

Santo Anjo do Senhor, meu zeloso guardador, se a ti me confiou a Piedade Divina, sempre me rege, guarda, governa e ilumina. Amém.

V) Rogai por nós, Bem-Aventurados Anjos de Deus,
R) Para que sejamos dignos das promessas de Cristo.

Oremos:

Ó Deus, que, por inefável Providência vos dignais enviar os Vossos Anjos a fim de nos guardarem, dai-nos a graça de aqui na terra colher os efeitos da sua proteção eficaz e partilhar um dia da sua felicidade; nós vo-lo pedimos pelos méritos de Jesus Cristo, Nosso Senhor. Assim seja.

SEXTO DIA:

Ó meu inefável conselheiro: meu Santo Anjo da Guarda, que, de maneira muito eficaz, me fazes conhecer a vontade de Deus e os meios mais próprios para cumpri-la: eu te saúdo e te agradeço, em união com todo o coro das Dominações, eleitas por Deus para comunicar os seus segredos e nos dar a força para dominar nossas paixões. Eu te peço insistentemente; livra o meu espírito de todas as dúvidas inoportunas e de todas as perniciosas perplexidades, a fim de que, livre de todo receio, siga sempre os teus avisos, que são conselhos de paz, de justiça e de santidade.

Santo Anjo do Senhor, meu zeloso guardador, se a ti me confiou a Piedade Divina, sempre me rege, guarda, governa e ilumina. Amém.

V) Rogai por nós, Bem-Aventurados Anjos de Deus,
R) Para que sejamos dignos das promessas de Cristo.

Oremos:

Ó Deus, que, por inefável Providência vos dignais enviar os Vossos Anjos a fim de nos guardarem, dai-nos a graça de aqui na terra colher os efeitos da sua proteção eficaz e partilhar um dia da sua felicidade; nós vo-lo pedimos pelos méritos de Jesus Cristo, Nosso Senhor. Assim seja.

SÉTIMO DIA:

Ó meu zelosíssimo advogado, meu Santo Anjo da Guarda, que, por incessantes orações pleiteias no Céu a causa da minha salvação eterna e desvias minha cabeça dos castigos merecidos, eu te saúdo e te agradeço, em união com todo o coro dos Tronos, escolhidos para manter os homens nos bons empreendimentos. Eu te peço insistentemente: coroa a tua caridade obtendo-me o dom inestimável da perseverança final, para que, na morte, eu passe felizmente das misérias desta vida e deste exílio para as alegrias eternas da pátria celeste.

Santo Anjo do Senhor, meu zeloso guardador, se a ti me confiou a Piedade Divina, sempre me rege, guarda, governa e ilumina. Amém.

V) Rogai por nós, Bem-Aventurados Anjos de Deus,
R) Para que sejamos dignos das promessas de Cristo.

Oremos:

Ó Deus, que, por inefável Providência vos dignais enviar os Vossos Anjos a fim de nos guardarem, dai-nos a graça de aqui na terra colher os efeitos da sua proteção eficaz e partilhar um dia da sua felicidade; nós vo-lo pedimos pelos méritos de Jesus Cristo, Nosso Senhor. Assim seja.

OITAVO DIA:

Ó dulcíssimo consolador de minha alma, meu Santo Anjo da Guarda, que, por suaves inspirações, me reconfortas nas vicissitudes da vida presente e em todos os temores da vida futura: eu te saúdo e te agradeço, em união com todo o coro dos Querubins, que, cheios da ciência de Deus, são encarregados de iluminar a nossa ignorância. Eu te peço insistentemente: assiste-me e consola-me, tanto nas adversidades atuais quanto na última agonia, para que, seduzido pela doçura divina, eu feche o meu coração a todos os atrativos enganadores desta terra, a fim de repousar na esperança da felicidade eterna.

Santo Anjo do Senhor, meu zeloso guardador, se a ti me confiou a Piedade Divina, sempre me rege, guarda, governa e ilumina. Amém.

V) Rogai por nós, Bem-Aventurados Anjos de Deus,
R) Para que sejamos dignos das promessas de Cristo.

Oremos:

Ó Deus, que, por inefável Providência vos dignais enviar os Vossos Anjos a fim de nos guardarem, dai-nos a graça de aqui na Terra colher os efeitos da sua proteção eficaz e partilhar um dia da sua felicidade; nós vo-lo pedimos pelos méritos de Jesus Cristo, Nosso Senhor. Assim seja.

NONO DIA:

Ó príncipe nobílimo da corte celeste, infatigável cooperador de minha salvação eterna, meu Santo Anjo da Guarda, que marcas cada instante com inumeráveis benefícios: eu te saúdo e te agradeço, em união com todo o coro dos Serafins, que, inflamados do divino amor, são escolhidos para abrasar os nossos corações. Eu te peço insistentemente: acende em minha alma uma faísca desse amor de que tu queimas sem cessar, a fim de que, tendo abolido em mim tudo que é do mundo e da carne, eu me eleve sem obstáculos à contemplação das coisas celestes, e, após ter sempre correspondido fielmente à vossa amorosa solicitude sobre a terra, eu chegue enfim, contigo, ao Reino da Glória.

Santo Anjo do Senhor, meu zeloso guardador, se a ti me confiou a Piedade Divina, sempre me rege, guarda, governa e ilumina. Amém.

V) Rogai por nós, Bem-Aventurados Anjos de Deus,
R) Para que sejamos dignos das promessas de Cristo.

Oremos:

Ó Deus, que, por inefável Providência vos dignais enviar os Vossos Anjos a fim de nos guardarem, dai-nos a graça de aqui na Terra colher os efeitos da sua proteção eficaz e partilhar um dia da sua felicidade; nós vo-lo pedimos pelos méritos de Jesus Cristo, Nosso Senhor. Assim seja.

Consagração ao Anjo da Guarda

Santo Anjo da Guarda, que me foi concedido, desde o início de minha vida, para ser meu protetor e companheiro, quero eu, (dizer o nome), pobre pecador, consagrar-me a vós, na presença do meu Senhor e Deus, de Maria, minha Mãe Celestial, e de todos os anjos e santos.

Quero, hoje, vincular-me a vós para de vós nunca mais me separar.

Nesta minha íntima união convosco, prometo ser sempre fiel e obediente ao meu Senhor e Deus e à Santa Igreja.

Prometo confessar sempre Maria como minha Rainha e Mãe e fazer da vida d'Ela o modelo para a minha. Prometo confessar a minha fé em vós, meu santo protetor, e promover zelosamente a devoção aos santos anjos como sendo, de maneira especial, a proteção e o auxílio para os dias de luta espiritual pelo Reino de Deus.

Peço-vos, Santo Anjo do Senhor, toda a força do amor divino, para que eu seja por ele inflamado; peço-vos que essa minha união convosco seja, para mim, escudo protetor contra os ataques do inimigo.

Peço-vos, enfim, Santo Anjo da Guarda, a graça da humildade da Santíssima Virgem, para que eu seja preservado de todos os perigos e, por vós guiado, alcance a Pátria Celestial. Amém.

Ladainha ao Anjo da Guarda

Senhor, tende piedade de nós.
Jesus Cristo, tende piedade de nós.
Senhor, tende piedade de nós.

Jesus Cristo, ouvi-nos.
Jesus Cristo, atendei-nos.

Pai Celeste, que sois Deus, tende piedade de nós.
Filho, redentor do mundo, que sois Deus.
Espírito Santo, que sois Deus.

Santíssima Trindade, que sois um só Deus.
Santa Maria, rainha dos anjos, rogai por nós.

Anjo da Guarda, meu príncipe, rogai por nós.
Anjo da Guarda, meu conselheiro, rogai por nós.
Anjo da Guarda, meu defensor, rogai por nós.
Anjo da Guarda, meu administrador, rogai por nós.
Anjo da Guarda, meu amigo, rogai por nós.
Anjo da Guarda, meu intercessor, rogai por nós.
Anjo da Guarda, meu patrão, rogai por nós.
Anjo da Guarda, meu diretor, rogai por nós.
Anjo da Guarda, meu governante, rogai por nós.
Anjo da Guarda, meu protetor, rogai por nós.
Anjo da Guarda, meu consolador, rogai por nós.
Anjo da Guarda, meu irmão, rogai por nós.
Anjo da Guarda, meu pastor, rogai por nós.
Anjo da Guarda, minha testemunha, rogai por nós.

Anjo da Guarda, meu ajudante, rogai por nós.
Anjo da Guarda, meu vigilante, rogai por nós.
Anjo da Guarda, meu condutor, rogai por nós.
Anjo da Guarda, meu conservador, rogai por nós.
Anjo da Guarda, meu iluminador, rogai por nós.

Cordeiro de Deus, que tirais o pecado do mundo, perdoai-nos, Senhor.
Cordeiro de Deus, que tirais o pecado do mundo, ouvi-nos, Senhor.
Cordeiro de Deus, que tirais o pecado do mundo, tende piedade de nós, Senhor.

Jesus Cristo, ouvi-nos.
Jesus Cristo, atendei-nos.

Rogai por nós, Oh, Santo Anjo da Guarda! Para que sejamos dignos de alcançar as promessas de Nosso Senhor Jesus Cristo.

Oremos:

Deus Todo-Poderoso e eterno que mediante o conselho da Tua inefável bondade, designaste para cada crente, desde o ventre da mãe, um Anjo da Guarda especial, protetor do nosso corpo e da nossa alma; concede-nos que o amemos e honremos, a ele a quem Tu nos deste tão misericordiosamente e protegidos pela generosidade da Tua Graça e pela sua assistência, mereçamos contemplar com ele e com todos os coros angelicais a glória do Teu rosto na pátria celestial. Tu que vives e reinas, pelos séculos dos séculos. Amém!

Pai-Nosso

Ave-Maria

Glória

Santo Anjo

Oração de proteção ao Anjo da Guarda

Senhor Deus, que por Vossa imensa bondade e infinita misericórdia, confiaste cada alma humana a cada um dos anjos de Vossa corte celeste, graças Vos dou por essa imensurável graça.

Assim, confiante em Vós e em meu Santo Anjo da Guarda, a ele me dirijo, suplicando-lhe velar por mim, nesta passagem de minha alma, pelo exílio da Terra.

Meu Santo Anjo da Guarda, modelo de pureza e de amor a Deus, sede atento ao pedido que vos faço. Deus, meu criador, o Soberano Senhor a quem servis com inflamado amor, confiou à vossa guarda e vigilância a minha alma e meu corpo; a minha alma, a fim de não cometer ofensas a Deus, o meu corpo, a fim de que seja sadio, capaz de desempenhar as tarefas que a sabedoria divina me destinou, para cumprir minha missão na Terra.

Meu Santo Anjo da Guarda, velai por mim, abri-me os olhos, dai-me prudência em meus caminhos pela existência. Livrai-me dos males físicos e morais, das doenças e dos vícios, das más companhias, dos perigos e, nos momentos de aflição, nas ocasiões perigosas, sede meu guia, meu protetor e minha guarda, contra tudo quanto me cause danos físicos ou espirituais.

Livrai-me dos ataques dos inimigos invisíveis, dos espíritos tentadores.

Meu Santo Anjo da Guarda, protegei-me.

Rezar:

1 Creio em Deus Pai,

1 Pai-Nosso e

1 Ave-Maria

BIBLIOGRAFIA

A. Melquiades. Introdução a, San Gregório Magno, *Obras,* BAC, Madrid, 2009.

Agostinho. *Confissões.* Paulus: São Paulo, 1997.

Angela da Foligno. *Experiência de Dios Amor.* Missiones franciscanas Conventuales, Condor-Argentina, 2016.

Aristóteles. *Ética a Nicomaco.* Edipro: São Paulo, 2014.

Auerbach, E. *Mimesis - A cicatriz de Ulisses.* Editora Perpectiva: São Paulo, 1998.

Basílio Magno. *Liber de Spiritu Sancto* 15, 36: SC 17bis. 370 (p. 32, 132).

Boaventura. *Itinerarium mentis in Deum.* Rizzoli: Milano, 1994.

Bulgakov, S. *La Scala do Giacobbe.* Lipa, Roma, 2005.

Catecismo da Igreja Catolica. Loyola, São Paulo, 2002.

Clemente de Alexandria, Em: *Os Estromas das Miscelâneas, nos Padres Pré-Nicenos,* Vol. 1.

CLEMENTE ROMANO. *Epístola Aos Coríntio.*, Em: *Padres Apostolicos*. Paulus: São Paulo, 1997.

COMPÊNDIO DO CATECISMO DA IGREJA CATÓLICA, Gráfica de Coimbra: Coimbra, 2005.

CONCÍLIO DO VATICANO II. *Const. past. Gaudium et Spes*. Paulus, São Paulo, 1998.

D.M., STANZIONE. *Il coro angelico dei Troni*, Santi e Beati [Acesso: 14/04/21], http://www.santiebeati.it/dettaglio/97736.

DENZINGER, HEINRICH. HÜNERMANN, PETER (Org). *Compêndio dos símbolos, definições e declarações de fé e moral*. Tradução de José Marino e Johan Konings. São Paulo: Edições Loyola: Paulinas, 2007.

DICIONÁRIO DE FIGURAS E SÍMBOLOS BÍBLICOS, Paulus: São Paulo, 2006.

FAUSTINA KOWALSKA. *Diário*. Congregação dos Padres Marianos: Curitiba, 2007.

G.L. MULLER. *Dogmática Católica - teoria e prática da teologia*. Vozes: Petrópolis, 2015.

GIOVANNI PAULO II. *Udienza Generale*. Quarta-Feira, 9 de Julho, 1986.

GREGÓRIO MAGNO. *Obras*. BAC: Madrid, 2009.

ILDEGARDA DI BINGEN. *Liber vitae meritorum*. Mimesis: Milano, 1998.

Inácio de Antioquia, *Carta aos Tralianos*, Em: *Padres Apostolicos*. Paulus: São Paulo, 1997.

J. Ameal. *São Tomás de Aquino*. Porto; Livraria Tavares Martins, 1956.

J.R.R Tolkien. *O Silmarillion*. WMF Martins Fontes, São Paulo, 2001.

____. *Albero e Foglia*, Rusconi, Milano, 1976.

____. *Il Signore degli Anelli*, Rusconi, Milano, 1993.

____. *Lettere 1914 / 1973*. Bompiani, Milano, 2018.

Julien Ries. *L'uomo e il sacro nella storia dell'umanità*. Jaca Book, Milano, 2007.

V. LOSSKY. *La Teologia Mistica della Chiesa d'Oriente*, EDB, Bologna, 2013.

Origenes. *Sobre os Princípios*, Paulus, São Paulo, 2014.

Pseudo-Dionisio. *Hierarchia celest.*, Ecclesiae, São Paulo, 2019.

R.C., Colin. *Le mythe de Prométhée et les figures paternelles idéalisées*. Topique, Paris, 2003.

Suarez Francisco. *Opera Omnia*. Vol I, I-X, Nabu Press, 2012.

Sant'Antonio di Padova. *I Sermoni*. Edizioni Messaggero, Padova, 1995.

Tomás de Aquino. *Summa Theologica II*. Paulus, São Paulo, 2001.

____ *De Viritate*, Bompiani. Bologna, 2005.

____ *Super Evangelium S. Matthaei*. 18, 10, Marietti, Roma, 1951.

____ *Catena Aurea*. v. 1, Eccesiae, 2018.

Primeira obra da trilogia de Rafael Brito

RAFAEL BRITO

O segredo dos Anjos

Descubra a essência da profunda
comunhão e obediência a Deus

ANGELVS
EDITORA

Conheça o Instituto São Rafael

www.institutosaorafael.com

ANGELVS
EDITORA

www.angeluseditora.com

Este livro foi impresso pela Gráfica Loyola